知られざる天皇明仁

橋本明

講談社

まえがき

平成二十八（二〇一六）年八月八日、天皇は国民の前に所信を表明した。午後三時、テレビ画面に登場し、肉体的に衰えがきた時、象徴としてどうあるべきか自分の考えを述べた。賽《さい》は投げられた。生涯在位を決め込んで当たり前と見てきた国に、生前退位を示唆した内容だ。

制度的で無機質な存在が天皇ではあるまい、自分は人間だ、と叫ばれて、虚を突かれた形である。国民は真摯に答えなければならない。

そんな折、本書を刊行することになったのは偶然が重なったためだが、まずは本書の成り立ちを説明しておく。

昭和五十二（一九七七）年一月から五十五（一九八〇）年十二月まで四年間、私は東京銀座・並木書房を営む故奈須田敬さんに頼まれ、同社発行の月刊誌『ざっくばらん』に「知られざる皇太子」と銘打って四十八回連載した。彼によれば皇室担当記者らにとって当時バイブル視すべき希少作品になっていたようである。

執筆開始時期が共同通信社社会部デスク時代であり、外信部に移ってジュネーブ支局長、ロサンゼルス支局長と異動したことから、原文は自分の手元にも残っていない。いわば手慰みというべき隠れ文集だった。日本テレビOBの渡邉みどりさんから電話を頂戴したとき、一回の欠落もなく全発行物が彼女の金庫に保存されていると告げられ、心底びっくりした。

そのあたりの事情は渡邉さんの解説文に委ねよう。これが講談社フライデー編集次長浅川継人さんと企画部担当部長鈴木崇之さんの目に留まるという結果になる。

平成二十八年六月二十九日、私は浅川、鈴木両氏が待ち構える場所に出向いた。なんと懐かしい文集であったことか。

「みずみずしい筆致といい、内容といい、感動を呼ぶ。私どもに出版を許していただきたい」

そう言われて、背中がむずがゆくなったが、次第にお受けする気持ちになった。

署名がない。どういう訳か連載では各文末に「(P)」とあり、最終回が初めて私の名前でくくられている。理由がある。小生についても客観的に見つめたかったからだ。とんでもない行為に出たり、いやらしい姿を曝《さら》してきた自分を登場人物の一人として描きたかったからだ。

最後の最後に名前を出したのは、オリンピックに備えて直接ロスに行き、支局を開設せよとの故犬養康彦編集局長命令を受けたからだ。同期の木谷隆治社会部長が電話してきたもので、それなら区切りがいいから、名前を出して連載打ち止めにしようと決め、奈須田さんに伝え、了承してもらった。

八十一歳で世を去った私の父乾三《けんぞう》は明治三十四（一九〇一）年五月、昭和天皇御誕辰を追うように生まれた。三男だから乾三と名付けられた父は東大法学部を出て検察官になり、秋田、東京、千葉各地方裁判所検事局を歩み、福島、横浜、大阪の検事正から仙台高検検事長に進んでいる。ちなみに父の弟である五男の龍伍《りょうご》は佐藤栄作と共に吉田学校に入り、文相、厚生相を歴任した。その長男龍太郎が総理に就くのはさらに後年のこと、次男大二郎はＮＨＫ社会部から高知県知事に転じ、現在テレビ朝日のキャスターを務めている。

そして、私は皇太子明仁親王と同じ年に生を受けた。皇室に初の男子皇族が加わったのは、昭和八（一九三三）年十二月二十三日。私が生まれてから半年ほど後のことだ。「皇太子さま、お生まれになった」。人々は日章旗を掲げ熱狂する。

既に私の兄貴が学習院初等科に進んでいた。従兄の鉄司も学習院を選んだ。その流れから小学校受験期を迎えたとき、私は教育大附属、青山、学習院を受験、迷いなく学習院に籍を得た。そして皇太子明仁親王の同級生となった。それが昭和十五（一九四〇）年春。

学習院では院長野村吉三郎海軍大将が駐米大使に転じ、山梨勝之進海軍大将が第十七代院長に就任、若き皇太子の初等教育を担う。親王が在籍する東組に山梨は勅任官・算数の秋山幹教授を、西組担当に国語の鈴木弘一教授をあてた。

戦争のきな臭い動きが強まる一方で、私たちは自由な気風を吸い、のびのびと育った。

東組には教授のほか、東宮傅育官《ふいくかん》が常時参観しており、姿勢の悪い学生に注意を与えたり、見まわったりしている。東園基文《ひがしそのもとふみ》、村井長正の二人が交代で任に当たり、まさに後門の狼であった。

音楽の時限、赤《あか》ブタとあだ名された先生に「名前を言いなさい」と指名されたとき、親王はしばらく答えられなかった。詰め寄ったのが後方にいた村井傅育官、いきなり親王の背中をピシリと打ち「名前をおっしゃい」と迫る。蚊の鳴くような細い声で「アキヒトシンノウ」とつぶやいて解放されたが、痛々しかったことを覚えている。先任の山田康彦さんが教室に現れると、誰しもが余計緊張したものだ。

明仁親王を生後三年三ヵ月で両陛下の膝下から離した人物は貞明皇太后と西園寺公《さいおんじきん》

望《もち》の二人だったという。貞明皇太后が西園寺秘書だった原田熊雄男爵に「いい効果が出ている」と語っている。

その時、皇太后は「将来天皇になる方には『私《わたくし》』があってはならない。全ての国民のものとなるのだから」と満足げであったという。

後年、正田美智子さんに「家庭を持つまでは絶対に死ねないと思った」と語られた絶対的寂寥《せきりょう》感を目の当たりにして、ついに美智子さんは皇太子のもとに嫁ぐ決心をしたほどである。淋しい青春が背景に凝り固まっていたのだ。

平成二十八年七月十三日、私は東京女子医大で白内障の手術を受けていた。翌朝家内から「陛下が退位されるって大騒ぎになっているわよ」と知らされ、衝撃を受けた。そして八月八日の「お言葉」につながるのだが、私の印象を述べたい。

天皇が語った「体力の面などから様々な制約を覚える」という言葉の「などから」とは何を意味するのか。単に加齢だけではあるまい。精神的に耐え難い事象が平和国家日本を根本的に破壊し、戦争準備に突入していく姿を見つめながら、発言を封じられたもどかしさが滲み出ているではないか。次いで即位以来、象徴と位置づけられた天皇の望ましい在り方を、日々努力しつつ過ごしてきたとの語りに、日本国憲法を護ると高く掲げた平和主義のシンボルを見ることができる。

体に不安を抱くいま、「国政に関する権能を持たない中で、日本の長い天皇の歴史を改めて振り返りつつ、これからもどのような時にも国民と共にあり、相たずさえてこの国の未来を築いていけるよう」念じられた天皇に潜む危機感を取り除けるのは、ひとえに国民でなければなるまい。

今後どのような日本を築いていくのか、天皇は国民に問いかけつつ、何年か先を想定して皇太子に譲位する姿勢を明確にされたのだ。単に「陛下ご苦労さまでした」と言える状況では決してないことを強調しておきたい。

現在議論されている、生前退位のご希望を特措法で処理する考えに私は反対する。皇室典範をじっくり練り上げる必要があるからだ。現典範に欠けているところを項目別に挙げるならば、天皇定年制、養子縁組の実現、天皇の発言の場を設けること、の三点だろう。

天皇の御意に添うか添わないかを含め、「天皇制度と日本」という重い課題が突きつけられた。本書がその課題を考える一助になることを願う。

平成二十八年初秋

橋本明

知られざる天皇明仁　目次

本書での皇室の構成

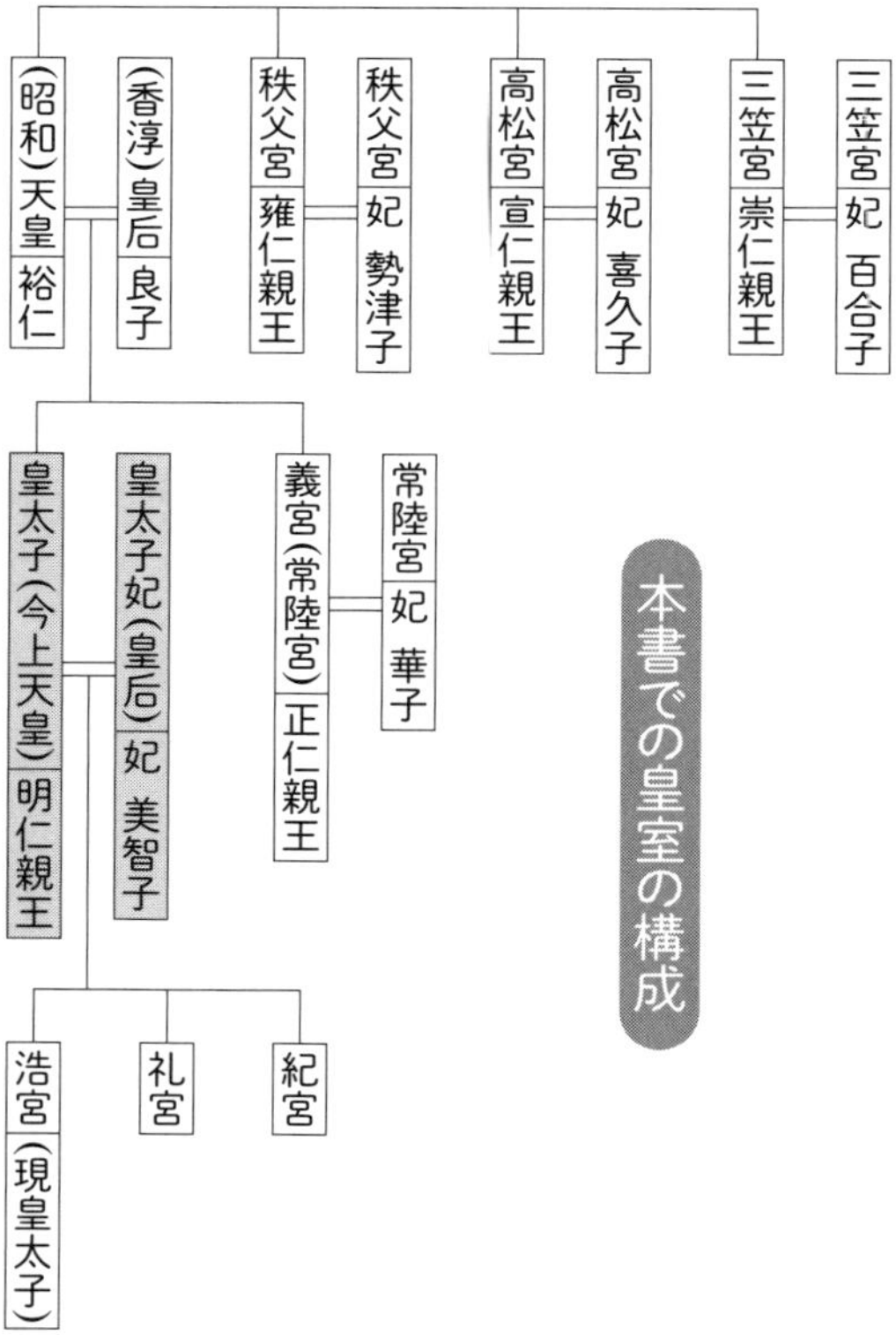
（昭和）天皇 裕仁
（香淳）皇后 良子
秩父宮 雍仁親王
秩父宮妃 勢津子
高松宮 宣仁親王
高松宮妃 喜久子
三笠宮 崇仁親王
三笠宮妃 百合子
皇太子（今上天皇）明仁親王
皇太子妃（皇后）妃 美智子
義宮（常陸宮）正仁親王
常陸宮妃 華子
浩宮（現皇太子）
礼宮
紀宮

知られざる天皇明仁

第一章　父と子

陛下との二人三脚は実行されている

明治と昭和の世代交代は確実に進行している。天皇ご一家の場合も例外ではない。明治三十四年四月二十九日生まれの陛下[註1]と昭和八年十二月二十三日生まれの皇太子[註2]との親子関係も、両者の仕事分担が深化する形で平衡を保つ姿に既に移行している点に、国民は気づいているだろうか。

一世一代の天皇業であるが、いま、二人三脚の関係で、天皇と皇太子は緊密な連携作動を実行している。やがて絶対に回避できない事態が訪れる際、万全の信頼と安心感をもって、この親子は日本においてもっとも儀式的な継承を果たすだろう。生存中に天皇が退位し、皇太子に譲位受禅《じょういじゅぜん》する可能性は少ない。皇室典範第四条「天皇が崩じたときは、皇嗣《こうし》が、直ちに即位する」の規定が発動することになる。

天皇の崩御《ほうぎょ》という瞬時の出来事によって践祚《せんそ》の儀[註3]が同時進行し、皇太子明仁親王は第百二十五代天皇の座に就く。あっという間である。国民は大いなる悲しみと追想のさなかに、動かし難い現実を受容しなければならない。多くの点において、今上天皇とは異なる人格をもつ天皇としての登場がそれだ。

いま、果たして、国民の何割が、皇太子明仁親王について考察しているだろうか。国民のどれほどが、この未知数の要素を多くかかえる皇太子について、適確な知識と、それによる判断材料を持ち得ているだろうか。

アメリカ訪問旅行を了《お》えて帰国された天皇、皇后両陛下は五十年秋、日本の代表的な報道関係者に会われた。テレビが初めて記者会見に臨まれた陛下の肉声と表情を放映した。ご訪問に先立って外国報道機関の数人に別個に会見の機会を与えられたことに対するお返しの意味があった。筆者はいま、一連の天皇発言から一例を引用して、天皇と皇太子との比較を試みる。

陛下は「尊敬する人物」の名を問われて、乃木希典《のぎまれすけ》陸軍大将を挙げられた。乃木が学習院院長だったころの薫陶《くんとう》の数々を思い出されての発言だと解される。日露戦争後、乃木は高潔な人格と瞑想的な英雄精神によって、大山巖《いわお》や黒木為楨《ためもと》、児玉源太郎よりも強い印象を世界に与えた。明治天皇崩御に殉死したことで臣下の忠義、彼にまさるものはないともてはやされた。

乃木大将より東郷元帥に傾倒

皇太子は、しかし、乃木に関する国民的な愛情の発露とは無縁である。学習院初等科に在学した幼少のころから、東郷平八郎元帥がむしょうに好きであった。当時、学習院院長が日露戦争に従軍し、日本海海戦に若き将校として参加した山梨勝之進海軍大将であった影響も考慮に入れるべきかもしれない。だが、乃木の作戦上の拙劣さ、それによる旅順攻略期の恐ろしいまでの兵士の損失の堆積は皇太子の精神構造にあっては、あるいは納得しえない人物にうつるのかもしれない。半面、なんとなく開明的な東郷への傾倒が強い。

ただし、皇太子も全面的に乃木を否定するわけではない。皇太子は乃木の文学的素養の深さには第一人者の地位を与えてはばからない。ことに、乃木の漢詩の才にはひたすら脱帽する。昭和期に出現した多くの将星が残した漢詩を乃木のそれと比較して、前者の下手くそさ加減にあきれる思いを深めるのである。このあたりは戸川幸夫の評価よりも、どちらかというと、司馬遼太郎の下す評価に、◆註4 皇太子のそれはより近いといってよいだろう。

皇太子は、いわばタブーに挑戦する姿勢がある。全民族のエネルギーが新興国家の消滅か

◆註1……昭和天皇のこと。以下、本書における「陛下」は原則として、昭和天皇を指す

◆註2……今上天皇のこと。以下、本書における「皇太子」は原則として、今上天皇を指す

◆註3……皇位を引き継ぐための儀式。「三種の神器」の承継などが行われる

残存かの瀬戸際で単純明快に発露された明治時代に対しても、冷徹な眼を注ぐ人物であり、この点陛下の人格にあふれる明治天皇への信仰に近い姿勢とはきわだった差異を認めうる。一例として、皇太子の明治批判に「閔妃《みんぴ》弑虐《しぎゃく》事件」がある。

閔妃事件については別途触れるつもりだが、簡略に記すと日清戦争直後の明治二十八年十月八日、三浦梧楼《ごろう》（観樹）全権公使が京城駐在の警察官、守備軍、韓国側の訓練隊、日本人浪士らを指揮して李王朝の実力者閔妃（国妃明成《めいせい》皇后）を暗殺した事件である。筆者が最近集めた資料によると、暗殺の筋書は井上馨《かおる》が伊藤博文の了解を得てこしらえ、実行行為者に同じ長州人脈の三浦観樹将軍を充てて実施した国家的犯罪行為だったといえよう。これが朝鮮半島に覇権を唱えるロシアと日本との争いのやむをえない副産物だったとしても、その後の強引な処理（全員無罪赦免）をひっくるめて考えるならば、日本が国家意思で行った重大な犯罪行為であることを隠蔽《いんぺい》できない。

皇太子が閔妃事件にいまなお心を痛めている事実を韓国人及び在日韓国人が知れば、恐らく驚喜するに相違ない。いま一つ、明治の国家意思で行われた政策で、いまなお皇太子を苦しめている事例がある。

琉球処分――である。明治政府による琉球王国の武力による統合を云々する場合、日本本土の国民は知らず知らずのうちに〝お布施〟をほどこしてやったのに……というこだわりを抱く。沖縄の祖国復帰に当たっても、沖縄を差別的にみるこだわりが強く見られ、現在もなお偏見を抱きやすい。皇太子は、実は昭和三十年代末ごろから、沖縄と本土の相互理解を深めるうえで、有力な実践家だった。皇太子が果たしてきた役割は、沖縄県民の彼への手厚い評価を知るとき、偉大であったとさえ言いうる。この点についても、いずれ触れるテーマになるだろう。

悩み多き青春時代を送られる

天皇陛下は近代日本の帝王学によって育成された人格に加えて、激動の昭和を半世紀、乗り切ってこられた。陛下の苦難は国家の苦難であったろう。国民の苦しさは陛下のお苦しみであった。両者の間に日本が激動の時代を歩いてきた共通体験がある。

皇太子が陛下と同じ形式の人生を経験されたのは明治憲法の死滅までである。新憲法の誕生とともに中学一年生になり、思春期以降新しい価値観と仕組に包まれて成長した。東宮御学問所に代わって、学校教育の場で勉強した。

青年皇太子は人並みに悩み多い学生生活を送っている。だが、小泉信三や安倍能成《よししげ》ら当時の最高クラスの師や、敬虔なエリザベス・グレイ・ヴァイニング夫人が見守ったし、久松潜

◆註4……乃木について、戸川は『人間乃木希典』でその武士道精神を讃えているが、司馬は『坂の上の雲』などで愚将として描いている

一、坪井忠二、小谷正雄、諸橋轍次《もろはしてつじ》ら一流の教授が中学時代から直接指導した。人材に恵まれた皇太子だった。明仁親王殿下は大学一年生の晩秋、立太子礼[註5]を挙行され、公務に就かれている。エリザベス英女王戴冠式に天皇の名代として加わったのが最初の対外的な仕事だった。このとき、皇太子は敗戦国のみじめさを一身に浴びた。

正田美智子さんとの結婚を境にして、国民は皇太子を判断する手がかりのうえで、マスコミによって色づけされた情報の過度な流出をまともに受ける形になった。関心は美智子妃に移行し、皇太子は裏側に回った観がある。その結果、国民の判断が固定観念化している危険性が強い。今後、各論に入って、知られざる皇太子像を引っ張り出してみたいと考えている。

皇太子主催・企画による父陛下のお祝い

寒波の襲来で冷え込みが一段と厳しさを増していた昭和五十一年十二月二十七日の午後、東京・元赤坂の東宮御所で、皇太子主催、各宮家総出で企画された「天皇陛下ご在位五十年の記念祝会」が天皇、皇后両陛下をお招きして催された。こよみの上でいえば、二日前の十二月二十五日、「昭和」は満五十年を迎えた。

皇太子ご夫妻が練りに練り、秘中の秘として企画され、ご両親、というより父陛下のお祝いに持ち出された目玉商品は、薄い藤紫色刷りの式次第に盛り込まれていた。

狂言「二人袴」と能楽「羽衣」の特別興行が、皇太子がこのときのために用意された出しものであった。喜多流と宝生流の家元を主に金春《こんぱる》の太鼓打ちも加えた出演者が召し出された。東宮御所表御座所の大部屋二つを打ち抜き、西側に舞台が特設された。手ぜまな急ごしらえの舞台に対して、客席の最前列に両陛下のお席、東宮ご一家、常陸宮ご夫妻、秩父宮妃、高松宮ご夫妻、三笠宮ご一家が和気あいあいと席を占められ、特別招待客や宮内庁の高官が居並んだ。

喜多の初代、喜多七太夫長能《おさよし》は金春の門人だったが、のち独立し、豊臣秀吉に仕えたといわれる。大坂夏の陣に武功があり、落城後大和に逃れたが、能楽の技を買われて徳川幕府に召されて江戸初期を飾った人物。

能楽五流の一である宝生は蓮阿弥を中興の祖とする。観阿弥の兄宝生の後釜だったが、前身は大和猿楽の一派であり、室町末期には北条氏に仕えた形跡がある。やはり江戸幕府の扶持を受けて栄えた。観世が今回召されなかったのは、かつてしばしば諸々の機会に登用されているためだった。

狂言「二人袴」は各流がこなす。筋立ては明るい笑いを誘うもので、婿と親二人が舅の家へ行き、一着の袴で交代で出る。しかし両人一緒にと望まれ一着の袴を裂いて二人ではき、

◆註5……公式に皇太子を定める儀式

舞いを舞う。最後に舅と三人連舞になると舅が「ご両人の袴のうしろがない」という。

世阿弥作「羽衣」は、天降った天女が水浴している間に羽衣を盗まれて天に帰れず、しばらく人妻となって暮らすうちに羽衣を探し出して昇天する「羽衣伝説」を上品に書きかえたものだ。漁夫の白竜に哀願して踊る東遊《あずまあそび》の舞いが中心である。

伝統文化の保護育成は天皇家の役割

心尽くしのお祝いを陛下は大変に喜ばれたようだ。皇太子が父親を祝うのに能狂言をもってしたことに刮目《かつもく》したい。概念的に国民は、天皇家の役割が伝統文化の保護育成と継承にあると思っているが、それはその一例と解してよい。鎖国時代に徳川家の保護を受けた能楽はいま、皇太子の一声によって、好機会を得たと言えなくもない。出演した人々は日ごろの自主公演とは違った意識を持てたと思う。いわばパトロンの希望を受けて芸を見せるという、芸人本来の欲求が満たされたはずである。

かつて両陛下のお祝いごとに召された講釈師宝井馬琴、落語家三遊亭円生らの話を聞くと、大変に緊張し、かつまたうれしいものであるらしい。円生は筆者に「目線が両陛下と遭っちゃいけないから、失礼とは思ったが高座並みにこちらの位置を高くしていただいた」と語ったことがある。馬琴は「寛永三馬術」を語る前に、「昭和にも曲垣《まがき》がおります」と口上を述べ、かつて習志野の陸軍の馬丁だった某が廃馬と決まった愛馬の引退のはなむけにと愛宕《あたご》の石段を昇り降りした実話を語り、それを聞き伝えられた摂政時代の陛下が「惜しい」といわれた一言で廃馬から急転、保護馬として長寿をまっとうした話をした。陛下は忘れられていたようだが、そのとき馬琴は「もっとよく調べまして、将来ご披露します」と約束した。

これが馬琴師匠自身の励みになった。彼は徹底的に調べ、この馬丁にロサンゼルス五輪大賞典飛越競技優勝、硫黄島で戦死した西竹一大佐、同じく野外騎乗の種目で優勝を目前にしながら愛馬の極端な疲労を知って下馬し、くつわをとって歩いてゴールし、愛馬精神を謳われた城戸《きど》俊三中佐を加えて「昭和三馬術」の新作をものにし、五十年、三越劇場で初演している。城戸さんは五十一年末、日本馬術連盟が主催した米寿祝賀会を受けたばかりだが、初演の際に招かれて馬琴の語りくちに耳を傾けていたのが印象的である。皇室の方々とのさりげない触れ合いが、大きく何かを産み出すきっかけになった好例であろう。

父陛下に疑問を覚えたことも

戦前、皇太子は三歳の折からご両親陛下の許を離れて厳格な教育の場に身を置いた。両陛下に会う機会は一週間に一回と限られた。第二次世界大戦はこの父子をさらに引き離し、皇太子継宮明仁親王は沼津、日光、奥日光湯元へと転々疎開した。それでもわずかな父子の邂逅が皇太子にとっては、父を知り天皇たるの道について教えを受ける場になった。膚《はだ》から膚に伝わる直伝の触れ合いこそ、皇太子にとって最も重要な帝王学の修学の場であったことは、側近に漏らされるお言葉のはしばしからも十分にうかがい得る。

こういうことがある。

皇太子は植物の面では樹木の分野の方がより熟知した世界であり、草とかシダ類とかでは陛下の方がお強い。那須御用邸で父子そろって散策されていたとき、皇太子が「おもうさま、これはなんでしょう」と小ぶりの草について質問した。陛下は「多分△△だろう」といわれたが、侍従に持たせた図鑑を広げてさまざまに調べ、自分の結論としては△△だろうと考える、との見解を述べられた。

所変わって軽井沢のプリンスホテルの庭。まだ幼稚園児童くらいの浩宮が「おもうさま、この花はなんというの」と父である皇太子に質問した。変哲もない野菊の白い花にすぎなかった。皇太子は△△ギクと答えたが「待てよ、キク△△だったかもしれない。調べてくるからちょっと待って」とその場に浩宮を残し、大急ぎで建物に駈け込んだ。書斎で図鑑をめくって戻ってきた皇太子は息子に「キク△△だったよ」と答えた。

この異なる場面における三代の父子間のやり取りを目撃したのは一人の侍従である。「父子そっくりだ。やがて浩宮さまも同じような反応をする父親になるだろう」と内心思って感心した。父子相伝の典型例だと、かの侍従はいうのである。まさに、父陛下と息子皇太子は、こうした律義な、というか、科学的な正確さを求めるというか、このような場面では同

学究肌の性格は父・昭和天皇から
引き継がれた

一人物と思うぐらい相似している。

皇太子は一時期、父陛下の歩まれた道に疑問を覚えたことがあった。木戸日記[註6]など多くの人が残した文書を読み、父陛下の気持ちをつかもうとした。ついに、西園寺公望秘書の男爵・原田熊雄日記から父陛下が一貫して平和と国民の幸福を追求してこられたと納得した。「私は陛下から最も影響を受けている。それに比べて、母陛下からの影響は少ない」。このような心境を漏らされたことがあるという。

東宮職が〝気にしている〟執筆家たち

過去の出来事をほじくり返すようなやり方は困ったものだし、不愉快でならない——。

一昨年（昭和五十年）であったろうか、皇太子がこのような感想を漏らしたという話が巷間《こうかん》に伝わった。事情通によると、事実関係の掌握に問題があり、誤まり伝えられる結果になるから、というのが皇太子のいらだちの真因である。

東宮職が現在〝気にしている〟執筆家を挙げてみると、藤島泰輔、加瀬英明、酒井美意子《みいこ》らに絞られる。藤島は学習院中等科から大学卒に至るまで級友に名を連ね、小説『孤獨《こどく》の人』で皇太子を描いた人である。加瀬は『天皇家の戦い』の著者で加瀬俊一元国連大使の子息だが、最近はむしろヒゲの宮さま三笠宮寛仁《ともひと》親王との親しい交友で知られる。酒井は加賀百万石（前田家）のおひいさまで、伯爵夫人だったことから、わが国初の皇室評論家の名を冠せられた女性だ。みな世間に影響力のある人たちである。

三人に共通する点は、学習院在学時代の藤島を除いて、皇太子と直接会った経験がないことだろう。一般には不思議だろうと思うが、藤島に対して世間は「ご学友」のレッテルを張っているのに、社会人となって以来皇太子と面談する機会を与えられていない。三島由紀夫に師事し、一時期、純真に執筆活動をしたが、惜しいかなこの人は一つ事に永続きしない。それに最近は政治に色気をみせる……といった行動に邪心はないが、いささか軽薄のそしりを免れない。

加瀬は高松宮に信用せられ、それで三笠宮家にも親しいが、その方面からの情報に偏る気味がある。

酒井は旧華族の意はよく体するが、所詮その判断力は旧秩序の線上にあって、新しさに十分対応しかねるところがある。従ってこの三者が、皇室を敬愛する点において人後に落ちないことは認めるが、同時にこの人たちの最も端的に相似するのは、皇太子家の内部から発言するのではなく、外部から皇太子家を批判（もしくは批評）する姿勢ということになる。正直言ってもう少し、皇太子の立場を理解してやって欲しいと、東宮職は思っているわけである。

◆註6………昭和天皇の側近の一人、木戸幸一が残した日記

美智子妃を悲しませせた誤伝記事

特にかれらの矛先が皇太子妃に向けられる点は、まるでしめし合わせたほどだ。しかしかれらは大真面目で、皇室をよりよきものにしたいと思って書いているが、結果的には皇太子と美智子妃を分断することになり、皇太子を苦悩させることになる。

これでは皇太子及び東宮職が警戒するのも当然であろう。一時期、藤島の意見が黛《まゆずみ》敏郎、村松剛に反映して、雑誌『流動』などで凝縮した形に編集されたことがあった。黛は美智子妃を敬愛する一人であると聞くが、妃に対する発言と対世間の発言とが不一致となり、妃を悲しませせた経緯もあった。

かつて藤島は、義宮正仁《まさひと》親王◈註7が独身のころ、日頃キリスト教世界観に深甚な理解があったと例に引き、親王の発言が父陛下との間に衝突を招いた。特に親王が、聖心という学校を卒業し、キリスト教に理解ある義姉上（美智子妃）が来られてうれしいといわれたことから、父陛下は神道観保持のおもむきから烈火の如く怒られ、他日、美智子妃を呼びつけて、以後キリストのキの字も申しては相ならぬと申し渡された――という〝秘話〟を明らかにした。

後半の陛下が云々というくだりがウソだった。雑誌『流動』は昭和四十六年、「天皇の謎、座談会　皇太子明仁」という特集を組んだ。ほぼ十年後、陛下のお目に留まる。「このようなことは、事実がないばかりでなく、心に思ったことさえなかった」と深いいたわりに

満ちたお言伝えが侍従職を通じて明らかにされ、そのまま東宮職に届けられた。（東宮大夫を勤め上げた鈴木菊男の話）

天皇が烈火のごとく怒り、美智子妃は土下座して陳謝したと、まことしやかに伝えられて十数年、美智子妃は深く傷つかれたまま放置されていたのだ。

常磐会の支配者・松平信子のうらみ

学習院の外郭団体に常磐会《ときわかい》という組織がある。旧華族中心の女子の集まりである。皇太子がご成婚のころ、常磐会を支配していた人に松平信子がいる。秩父宮妃のご生母であり、東宮参与の一員だった。

正田美智子の一件は東宮参与小泉信三と黒木従達《じゅうたつ》東宮侍従が推進した。外部に漏れると話自体が壊れる可能性が濃厚だった。特に松平に対して二人の警戒心は強く働き、公式発表寸前までは隠密裡にことを運ぶ必要があった。二人はそのようにし、寸前に黒木が使者に立って松平に報告した。

松平はこれを深く恨んだ。将来の責任は挙げてお二人（小泉、黒木）にある、とまで叫んだともいわれる。

◆註7………のちの常陸宮親王。昭和天皇と香淳皇后の第二皇子彼女には皇太子妃は旧伯爵家以上という牢固とした信念が根を張っていた。東宮女官長に牧野純子◆註8が起用された。東宮職側としては受け入れなければならない人事だった。一方で、政略としても、松平信子の手助けを求める必要が認識されたようである。松平はほどなくお妃教育の講師に起用された。だれよりも松平は皇太子を愛する心持ちが強かった。立派なお妃に仕立てあげなければ東宮さまがおかわいそうだ、と松平は考える。

しかし、どこかで老嬢連と東宮との間に食い違いが生じ、目立つようになった。東宮は東宮妃になる美智子に十分満足していた。周囲の人々にいじられることを極端に嫌った。老嬢たちはいわば大奥を代表していた。皇居における保科女官長◆註9、東宮妃に仕える牧野女官長はしばしば松平の私邸に集まり、情報を交換した。三人の、宮廷生活に永らく生き続けてきた間に身につけた独特の感性は、美智子妃に不協和音をかきならしている。ことごとく気に染まないのであった。

ご返事の仕方が、手袋の長さが、お歩きになるお姿勢が……と老嬢たちは批評した。トップがこのような会話に興じている限り、常磐会のマダムたちは格好の話題にありつける。

「牧野さまのことを鬼婆とおっしゃったとか……」「ご無理ございませんわね。お母さまはな

◆註8……男爵・鍋島直明の長女で、宮内大臣などを歴任した牧野伸顕の長男・伸通の妻
◆註9……保科武子。北白川宮能久親王の第三女王

常磐会の中心人物だった松平信子氏

んでも上海育ちでいらっしゃるそうよ」といった調子である。このあたり世間の〝井戸端会議〟となんら変らない。

女たちの伝播力はものすごい。夫を通じ、友人を通じて世間にヒラヒラと舞い落ちて行く。マスコミが探知する。それも、おもしろおかしい話題で売れ行きを伸ばそうとねらっている週刊ジャーナルの一群だ。増幅器役に彼等が選んだ常磐会のエースが酒井美意子だった。

新聞ジャーナルは、一方で沈黙した。あの世界が猛烈なもので、美智子妃が苦労されることは十分予想し得たからである。国民的歓呼の中で祝われたご成婚だっただけに、かつての上流階級構成層内部の反動は激しかった。特にご成婚の反動は義宮正仁親王のご結婚に至る妃選考の過程で鮮明に反映されたとみてよい。津軽華子◆註10に決定した際、溜飲を下げた一派があった。旧華族の大部分はもとより旧皇族までひっくるめるほどの勢力だったといわれる。

その日から皇太子の闘いが始まったといえようか。彼は価値の尺度を人間性の尊重に置いた。自身も人間として幸福追求を行う権利があり、その権利は認められなければならない、と皇太子は考える。彼は昂然と歩み始めた。

肉親の愛情に飢えていた幼少時代

東宮ご一家の現況をみると、過去の風習を整理したと思われる足跡に行き当たる。この場合、慣習を改めたとみられる事項は、皇太子自身の青春期に至る生活環境で欠落していた部分が復活し、一家族単位の生活圏が維持されている点であろう。

皇太子は三十四年春のご成婚で一家を構えるまで、肉親と日常生活を共有せず、たまに相互に往来していただけであった。

幼児期から第二次世界大戦突入後の昭和十八年までは赤坂離宮（現迎賓館）内東宮仮御所、次いで学習院初等科在学中は一般学生の沼津さらには日光疎開とともに、沼津御用邸付属邸、田母沢《たもざわ》御用邸。終戦直後中等科ご進学時は武蔵小金井の東宮仮寓所、これが焼失後、一時期皇居内義宮御殿に間借りし、やがて常盤松東宮仮御所（旧東久邇邸・現常陸宮邸）に移った。ご成婚とほぼ同時期に東宮御所の建設が進行し、爾来旧大宮御所の一角に居を構えられている。

この間、皇太子は未婚時代を奉仕者あるいは学友たちを相手に生活され続けたのであって、およそ肉親の愛情に親しく触れる機会には乏しかった。剛健な気質を養い、将来天皇道に座していくためには不可欠との判断が、孤高の環境をこの青年に押しつけたわけである。中学生、高校生期の孤独な生活を不自然とみた最初の外部の人は、この時期皇太子の家庭教師となった米国フィラデルフィアの文学者エリザベス・グレイ・ヴァイニング夫人だった。

◈註10………父は伯爵・津軽義孝、母は子爵・毛利元雄の長女・久子という華族家出身夫人は昭和二十一年十月から二十五年十一月まで滞日したが、いま夫人自身の言葉を借りていえば理解を超える事態だったということになろうか。夫人はいう。

「私の心をいつも領してきた思いがある。皇太子がご両親や弟宮と切り離された生活を強いられてはならない、という思いだった。現状は不自然であり、貴重な機会を無駄使いしているようなものだった。理解力を深め、心の世界を押し広げるにはまことに不適当な生活に、皇太子は身を置いているのではないか……と。知的、良心的かつ慈愛に満ちた家庭生活を小間切れにすることは、一少年の人生から、何か最高のものを奪い去ることと同じである。侍従や他の宮内官僚は、天皇ご一家がご一緒に住まわれるべきであるという私の意見にことごとく抵抗してきた。彼等は古い流儀にはまり込み、前例のみにこだわった。成長期の少年を切り離し孤独な環境に放り込み、退屈させ、こちこちの大人が取り囲む。このような生活を強いることこそ帝王学の最良法と信じ、こんな概念は毛唐には到底わからないのだ……と彼等はたかをくくっていた。彼等は痛ましくなるほど間違っている。そこで両陛下に直接申し上げることを決意し、葉山御用邸二階の客間でお会いした某日私の見解を両陛下に伝えた」

このとき通訳の労をとった三谷侍従長が飛び上がるばかりに驚き、夫人が切り出した先端的言辞を田島宮内庁長官に報告している。田島は翌日ヴァ夫人を呼び、三谷メモを基に詳細にわたって夫人の発言内容をチェックしたのである。夫人の効力は水泡に帰した。ほとんど何も起こらなかった。

二十五年、皇太子が東京・渋谷の常盤松に東宮仮御所を移されたとき、建物の規模が数倍になったことから夫人は、天皇ご一家の生活に変化が生じるのではないか、とあわい期待を抱いたようだが、事実は、義宮正仁親王が一週のうち二、三日をすごしに来られる程度で、それも夫人の帰国とともに沙汰止みになっている。

一度、学習院清明寮で兄弟宮が同時に入寮された時期がある。二十七年までに、義宮はそれも止めてしまった。その代わり、日曜だけ、兄宮を訪問した。兄弟宮が仲良く結束してこそ、次期天皇家の在りようはより良いものになる――とはだれしもが考えたことだが、夫人は後日田島長官から皮肉な手紙を受け取っている。「貴女をあまりがっかりさせたくないのですが、貴女の真摯な願いであった兄弟宮同居の件は全く実現しておりません」

〝皇太子ほど陰々滅々な男はいなかった〟と学友はいう

夫人の願望は、三十四年春結婚された皇太子家において初めて実現をみたのである。

非人間的な家庭生活を強いられてきた皇太子は青春期、どうしようもなく情緒不安定で、どちらかといえば暗い性格に落ち込みやすかった。移り気で勉強嫌いであり、冷酷なまでの非情を身につけていた。皇太子妃選考過程で顕著な事実は、先ほど大まかに述べたような巻き返し現象を起こした事実とは裏腹に、候補に擬せられた旧宮家、有爵家の敵前逃亡が明白だったことである。恐れをなして逃げまどったのが実態であり、矛先が向けられると慌てて婚約などの既成事実をこしらえて避けるという空気が一般的だった。天皇家を相手に切り回すだけの財力に欠けるという認識が先立った、ともいえる。

この時期、同学年生の間で、皇太子ほど陰々滅々な男は他に見当たらなかった。老成して希望もなくくさり切っていた。正田美智子との出会いがこうした皇太子を根底から変えた。電話を通じて積み重ねた会話の中で明仁親王は「どのような時でも公務が優先する」と信念を語っていたが、たった一回「家庭を持つまでは絶対死んではいけないと思った」、ポツリと漏らされた。悲痛な響き、籠められた寂しさの吐露こそ正田美智子の心を抉《えぐ》ったのだった。


浩宮、礼宮、紀宮三方を両親の膝下に置き家庭生活の中で教育する方針の確立は、皇太子ご夫妻の人間性への確かさを十分うかがわせるが、伝統を基軸に考えれば、これ以上の革命はなかったともいえる。美智子妃の願いは皇太子に安らぎと幸せの源である家庭という世界を絶えず供するところにある。それでこそ十二分な活動の基礎ができるのだし、皇太子自身は不幸だった過去の生活の点検から家族単位の豊かな環境へと方向転換を図ったのであったろう。

新しい生活形態からもう一つ、兄弟の自然な愛と結束、協力を育くむ芽が生まれ出た。かつての小間切れ生活では、それぞれの大将、主人が決まってしまう。例えば義宮正仁親王に仕える集団と兄宮に仕える集団との間には齟齬《そご》があった。それぞれが各々の宮さまに忠義を尽くすため分派固定の風潮が支配的になった。自然と、兄弟宮間にも風波が立ったり、意思疎通が思うにまかせない結果を生んだ。皇太子は子供たちを手元に置くことによって、各担当侍従を付けはするが、総監督の妙手を発揮できるようにして、未然にそうした弊害発生を防いでいる。浩宮には鷹揚に、礼宮には厳しく――という基本方針も兄弟の立場によって将来享受できる自由の範囲が違うことを看取しての事前措置と考えればよい。

浩宮が良き青年に育っている。悩み多い青春時代にさしかかっている。例えば学習院高等科では自動車通学を禁じている。それなのに浩宮は自動車で通う。自分も電車通学したい。なぜできないのか、と悩む。母宮は息子の悩みを丹念に聞き届ける。そして父宮に相談するようにいう。父宮はいう。電車で通うとなるとどれほど警備の人に迷惑を及ぼすか、と。そして最後の結論は本人に出させるように仕向けている。

皇太子の生活に滋味を与えた男

桜の季節にそむいて、皇太子四十三歳のこれまでの生涯に沿って常に側近にあった戸田康英東宮侍従長が世を去った。五十二年四月二日午前八時三十分、死因は食道ガンに急性肺炎を併発したためで、東京・本郷の東大病院が死に場所だった。六十五歳。

戸田氏は昭和十年東大文学部卒、信州松本城主の直系で元子爵。宮内省に入り、十二年から戦後の二十一年まで侍従、次いで東宮侍従となり、四十年四月から十二年間にわたって東宮侍従長を務めた。死亡時の読売夕刊は「この間、二十年八月の終戦に当たって、天皇陛下の玉音盤録音の現場に侍従として立ち会い、これに続いて、玉音盤奪取を図る反乱将校が皇居を占拠したときは、抜刀した将校に玉音盤や木戸幸一内大臣の所在を問い詰められながら〝ボクみたいな若僧にはわからないよ〟ととぼけて追及をかわした」と報じている。

皇太子ご夫妻は二日夕、元赤坂二－一－三宮内庁赤坂宿舎の自宅に弔問され、年来の無私無欲な厚い奉仕をねぎらわれている。三日夜通夜は近親者の手でとり行われ、四日密葬、九日午後、青山葬儀所で葬儀、告別式。雨が降りしきっていた。この間、元内大臣、侯爵木戸幸一氏が八十七歳で永眠した。天皇も皇太子も、ほぼ同時期に股肱《ここう》の臣を黄泉《よみ》の彼方に送ったことになる。

戦後、ヴァイニング夫人は皇太子が親元を離れて生活している現実に矛盾を覚え、これこそ最良の帝王修業……と伝統にしがみつく宮内官僚に激しく反発した、と前述した。夫人の意図がご成婚を契機に実現した、とも記した。とはいえ、筆者は男の、それも大人の世界に閉じこめられた皇太子、というきめつけに与《くみ》するつもりは毛頭ない。むしろ、限りない愛着をこめて、少しも奇異ではなかった、当時皇太子を取り巻く環境について、ほのぼのと思い出している。戸田氏は終始、明るく、屈託ない人柄として、皇太子の生活にまたとない滋味を与えてきた人物だった。

戸田侍従がその長身を薄いベージュの背広に包んで、皇太子が籍を置く学習院初等科東組の授業を観たのは、学友の記憶によると、五年生当時の秋で、場所は日光植物園だったという。黒木従達東宮傅育官《ふいくかん》と肩を並べ、談笑していた姿が印象的だったとは、学友の言葉である。

人間らしい空気をふりまいた男たち

皇太子の日光疎開時代は終戦につらなる太平洋戦争末期に相当した。その前期、金谷ホテルに学習院初等科五年生が集団疎開した時分、既に米軍の東京空襲の悲報が相次ぎ、家を失う者、親に引き取られて地方に個人疎開する者が続出した。皇太子擁立の一部軍部の動きがあったことは、大宅壮一ノンフィクション賞の五十二年受賞者上前淳一郎が書いている◆註11から省略する。後期、皇太子は御用邸を撤収し、学友とともに奥日光・湯元の南間ホテルに戦禍を避けた。同じ屋根の下で、一般学生と起居を共にし、同じ釜の飯を食ったのはこのときが初めてである。二十年八月十五日、皇太子は正午、父の声を聴いた。南間ホテルの一室で穂積重遠《しげとお》東宮大夫と黒木氏が侍立した。黒木侍従の思い出はいまやや不鮮明だが、皇太子はただ黙然として耳を傾けたという。

◆註11………『太平洋の生還者』（文春文庫）参照

十一月七日午前十一時、四両仕立ての特別列車が日光駅を滑り出した。初等科六、五、四年生が乗車し、皇太子も同列車で帰京の途についたのだった。荒川を過ぎて、東京の惨状が彼等を無言にした。翌日、一年六ヵ月ぶりに両陛下は二人の息子を迎えられた。ご文庫◆註12の浴室で親子水入らずのふろを使われた、という有名な挿話はこのとき生まれた。

皇太子の側近くに、いつの間にか戸田侍従の姿がまといつく。戸田氏は、いわばもの心づく年頃の皇太子に侍して、中学、高校、大学と人格形成期に起居を分かち合い、皇太子に多大な影響を与えるよう運命づけられていた。といって、強烈な形で皇太子を教導したのではない。その人柄のように、ひょうひょうとして、なんとなくユーモアがあった。むしろ、こちらがからかいたくなるタイプの人間であり、トツトツとしておかしみにあふれていた。東大野球部で鳴らした、といっては興奮していたが、だれも滅多に信じようとはしなかった。戸田氏は優しい人だった。注意するときも独特の言い回し方で表現し、相手方はしばらくして叱責だったと知る。面倒くさいことは嫌いで、万事単純なのがよろしい、とした気風があった。名コンビの黒木侍従はどこか怖さを持つが、戸田氏は優しい微笑に言葉を包んでしまう。そのくせ、頭脳は明敏に働き、控えめななかで手綱を締めるコツを体得していた。

皇太子がスキーを始めたのは高等科に進んでからである。東宮職からスキー行に参加した人物は戸田侍従、佐分利侍医の二人で、ほぼ毎年固定した顔触れになった。黒ズボンに薄色のアノラック、黒の昔風スキー帽、それに竹のストックというのが戸田侍従の容姿だった。

猪谷六合雄《くにお》、千春父子の指導で大久保忠恒、千家崇彦《たかひこ》、橋本明の三学友が常に同行し、志賀高原熊の湯で二十五年一月開始して以来、蔵王、鹿沢《かざわ》温泉、尾瀬などで過ごした約一週間単位のスキー行は誠に楽しい生活であったという。あながち、ヴァ夫人が心配したほどのものではなく、侍従、侍医は良き先輩か兄貴分といった形で、皇太子の日常生活のなかで存分に人間らしい空気をふりまいていたのだ。

皇太子の哀しみを慰めるかのように

常盤松に東宮仮御所が設けられたころ、侍従室は二階にあった。玄関に面した手ごろな部屋で、対角線上に東宮の居間があり、カギの手に奥まった方には仮寝室などが配されていた。侍従と侍医はもちろん出番表に従って勤務し、宿直制となっている。殿下ご在宅の折は朝食から夕食まで必ず食卓をともに囲んだものだ。学友滞在中は遠慮することもあったが、朝に夕に、ご両親陛下のお写真に拝するときは必ず侍立した。侍従の生活は半ば自らの家庭生活を犠牲にしなければ成立しない。全人格的に宮さまとともに生きるからである。まして、昔のように肉親の機能を代行していた際は、皇太子の喜怒哀楽は常に彼等を淵源とし波紋を広げたのである。

◆註12……皇居内につくられた天皇用の防空施設。戦時中は住居も兼ねていた戸田東宮侍従は一年前の五十一年六月、ご夫妻に随行してタイ、ヨルダン、ユーゴスラビア、イギリス歴訪の重責を果たしている。行く先々のお酒を楽しみにし、事実、アルコールで胃を洗っていたから急性食中毒にかかることなく、極めて快適に旅程を消化していた。「なあーに、近ごろは若い人まかせでね。ぼくは何もしやしないよ」と、ごくのんびり過ごし得たのは、天の配剤であったかもしれない。

元気そのものだった侍従長が急に病を得たのはことし（昭和五十二年）一月初めだったという。

勲二等旭日重光章。両陛下、各宮家のお供物、供花に埋まって戸田氏はとぼけた感じの笑顔を黒枠にはめ込んでいた。皇太子の深い哀しみ、寂しさをかえって慰めるかのように……。

故戸田康英氏の後任には、黒木従達氏が順当に昇格した。新東宮侍従長は西郷隆盛の弟、従道の孫である。海軍系列の家に育った彼は、昭和二十年、日露戦争当時第一軍司令官、陸軍大将黒木為楨の家督を継いだ。本人は海軍軍人のままだったが、戦争が終われば陸軍も海軍もないだろう。

十九年七月、黒木氏は東宮傅育官を拝命した。「水雷母艦神風丸の主計長（大尉）のとき、パラオで撃沈され、一キロほど泳いで島にたどりつき助かった。帰国すると体格検査をされたので、今度は生きて帰れない、と思っていたら傅育官になれ……と」

今日生命あるはこの人事のおかげというわけである。爾来三十三年、皇太子が学習院初等科五年生だった少年期から付き従ってきた。「こっちがぶらぶらしているうちに、殿下の方はたくましく成長されて、いまではなんでも殿下に教えていただいております」。万感こもる胸の内であろう。老いては子に従うの心境ともいえる。

戦争末期だった。皇太子は戦火拡大、やがて劣勢となるにおよんでさまよえる人のごとく、下総御料牧場から沼津、日光へと転々とした。仕え始めは日光・田母沢御用邸ご疎開中のこと。一般学生疎開先の金谷ホテルに通い、大谷川《だいやがわ》に沿う道を往来した。校舎は御用邸隣の日光植物園内にあった。

冬の間、皇太子は日曜祭日を除くほとんど毎日、友人を御用邸に迎え、そして送り出した。いつの間にか、これまで触れたこともない本が友人の手から皇太子に貸し出された。『快傑黒頭巾』『敵中横断三百里』……大佛次郎、山中峯太郎、海野十三、江戸川乱歩など大衆小説、冒険小説の類だった。グリム童話集やアンデルセンの世界が広がった。

御用邸の庭でスキーをはいた幼い東宮の写真が残っている。そのころ、体育教師は奇妙な運動を考案した。太竹を持たせ、二人の学生で押しくらまんじゅうをやらせる。皇太子は強かった。びくともしないのである。

奥日光・湯元南間ホテルの疎開行を最後に、黒木氏も二十年秋帰京した。

若き日の銀座版「ローマの休日」物語

学習院高等科三年最後の三学期の期末試験が終わった二十七年二月末、黒木侍従はある事件に遭遇した。そのころ、皇太子は目白の学習院内寄宿舎、清明寮で起居されていた。団体生活を通じて規律を身につけるとともに、切磋琢磨を目指したためである。

某日、遅番で清明寮内侍従室に出勤してきた佐分利侍医は、新任の浜尾侍従に声をかけた。「目白駅そばで殿下と橋本と千家に出会ったが……」。浜尾侍従は「橋本が殿下を町にお連れしたいと申し出て来たので、危なくないようならいいと思い、目白付近ならと許可しましたが」と答えたようである。「しかし、銀座に行くとか言っていた。まさかとは思うが」と佐分利侍医はつぶやいた。

時間は午後七時すぎだった。調べてみると、舎監には無断外出したことがわかった。三人が寮を脱け出したのは明白だった。非常呼集がかかった。東宮大夫を除き、全侍従、侍医が駆けつけてきた。その間、警衛の一人から連絡が入った。

新橋駅からの連絡である。口上を要約すると、千家がその警衛氏にあらかじめ含んでおき、彼は院内の清明寮から学習院正門の中間点で待機していた。

「行先はどうでも、とにかく帰寮するまで黙って追従して欲しい」といわれた。三人は目白駅から山手線電車に乗り込み、ラッシュアワー時間帯を渋谷、品川を経て新橋に着いた。途中「侍従さんのクビの問題になるからどうかお帰りください」と何度も説得したが、聞き入れてくれない……。

黒木侍従は直ちに有効適切な手を打った。警視庁に連絡し、築地署を中心に秘かに非常警戒網を張り、三人を泳がせるという大胆不敵な対応策だった。殿下が清明寮滞在中の警備責任を負う目白署からは私服刑事が現場に飛んだ。

そんな事態になっているとは露知らず、殿下と千家はいったん橋本と別れ、二人で花馬車にぶらりと入り、紅茶を注文した。これまでのところ電車内で一人の学生がしきりに首を振りながら、まさかという顔付きで皇太子に食い入るような視線を送りつつ渋谷駅で下車した以外、学習院の制服制帽に紺コート姿の学生皇太子に気づいた人間は一人もいない。しかし、花馬車の支配人は別だった。うやうやしくあいさつに来た。「よくお越しくださいました」と言われて、二人は驚き、店を飛び出した。

小太りの男が声をかけた「やりましたね」

松坂屋前付近で二人は橋本と会った。橋本は女友達渡辺節子嬢を伴っていた。どうせ決行するなら節子さんも誘え、と切り出したのは皇太子だったのである。脱出直前に連絡したため、阿佐ケ谷に住む彼女の新橋到着が遅れたのだった。三人はこれより先鎌倉の橋本宅で新年の一日を遊んだことがある。そのとき節子嬢も接待に加わり、顔見知りだった。四人になった一行はくつろぎながら銀ブラを楽しんだ。見えない眼が随所で光っていることも知らずに。

黒木侍従は一行の行動を掌握していた。緊張の連続だった。労働運動は全面講和論を軸にした平和運動として尖鋭化しており、米よこせ運動が皇室に危機感を植えつけていた時代である。もし、路上で皇太子が包囲されるようなことになったら、と想像すると焦燥感に襲われた。四人が洋菓子屋コロンバンに入ったとの連絡が入ると侍従たちはややほっとした。

四人は窓際に席を占めた。皆があるだけの小銭を出し合い、アップルパイと紅茶を注文した。二階だった。やがて橋本と千家は階段から頭だけ出しては様子をうかがい、階下に降りて行く幾人かの男たちがあることを知った。ウエイトレスもどうやら注目し始めたようである。目的は遂げたのだ。皇太子は終始上機嫌だし、弾んでいた。潮どきだった。

さり気なく支払いを済ませて外に出た。皇太子と節子嬢が並んで歩き始めた。橋本の背後から眼鏡の小太りの男がそっと声をかけた。「やりましたね」。振り向くと、顔見知りの目白署の私服刑事だった。新宿駅で節子嬢が「さようなら、楽しかったわ」と言い、降り立った。三人は目白駅で降車し、歩道を寮へとたどった。清明寮の門をくぐるとき、「お戻りになりました」と大声をあげる声やら、砂利音を立てる人騒ぎ場面が三人を迎えた。

橋本と千家は侍従室に出頭した。突き刺すような眼が注がれた。「最も信用していた君たちに裏切られた」と言ったのは佐藤侍医である。「何のために殿下が寮生活をされているのかわかっているのか。規律を守るためだ。それなのに君たちは寮則を踏みにじり、舎監の許可を得ず勝手に外出し、しかも帰寮時間を大幅に超した。それが悪い」。佐分利侍医の説得力ある追及に二人はちぢみあがった。

釈放された二人は事の重大さに驚き、別室でベソをかいているほかなかった。そこに黒木侍従が渋い顔で登場した。「君たちが使ったお金は公費だよ。取っておきなさい」。五百円を押しつけた。二人は居たたまれない気持とおそろしさに大声で泣いた。

第二章　学習院初・中等科時代

「姿勢が悪い！」と〝後門の狼〟傅育官の叱声

小学生時代の六年間は第二次世界大戦への参加と敗北を経験しながらも、マスコミから隔離されていたという点で特異な時期であった。学園の自由な秩序が外因で汚されない時代だった。

皇太子さまご入学。そういう歌が全国津々浦々を満たした昭和十五年四月、当時、東宮仮御所は現赤坂御苑内にあった。というより迎賓館敷地内に組み込まれるのかもしれない。皇太子は徒歩で、道路一本距《へだ》てた学習院初等科に通学された。殿下専用の小門があり、そこからコンクリート敷の校庭を斜めに突っ切って南面の玄関に至る。その間、既に登校している学生たちは朝礼前のひとときを運動競技に熱中していたものだが、あいさつを送った。半ズボンにランドセル姿の皇太子は挙手の礼をとって返礼した。

朝礼という儀式が毎朝行われた。初等科長の訓辞後、先生たちに一斉に頭を垂れる。散開してラジオ体操をする。終わって整列し、マーチに合わせ、六年生から一年生まで大きく校庭を行進する。くつ脱ぎ場から各階の教室に入るのがしきたりだった。

クラスは東組と西組に分かれ、皇太子は一貫して東組に在籍した。級友は両組合計六十二人ほどを数えたが、六年間でほぼ三年間はいずれも東組に編入され、まんべんなく殿下と交遊できるよう配慮されていた。学習院側のスタッフは野村吉三郎海軍大将が院長、次いで川本為次郎初等科長、東組担任は秋山幹（算数）、西組担任鈴木弘一（国語）という顔ぶれだった。

野村院長は皇太子ご入学からほどなく駐米大使に転出し、山梨勝之進海軍大将が新院長に就任。それとともに大動乱の時代へと突入する。当時、皇太子付きのご養育掛を傅育官と呼んだ。きわ立って厳しい人物が二人いた。最近、甘露寺《かんろじ》受長《おさなが》氏◆註1の死去に伴って掌典長となった東園基文氏、常陸宮侍従を経て退任した村井長正氏である。

東組の教室における生徒にとって、傅育官は後門の狼であった。この教室は隣接して控室があり、皇太子登校中は傅育官のたまり場になっている。時折、教室に顔を出し、背後に立って授業参観をする。東園氏は当時から俳優ばりのマスク（やや鶴田浩二に似ている）ですらっと背が高く、唇を引き締めると苦味走る表情が極めて魅力的な人物だった。

〝今度はボクが馬に〟なった少年皇太子

この人たちがなによりも嫌ったのは座った姿勢の曲がり具合である。あごを引き、両手をヒザに乗せ、胸を張っていさえすれば文句なく及第点を呉れたものだが、背を丸めたり、ホホづえなどつこうものなら、たちどころに叱声が飛んだ。「△△さん、姿勢が悪い」。ただでさえ、前門の虎がこわいのに、移動自由な眼から監視を受けるのだからたまったものではない。

われわれは皇太子を殿下と呼ぶこと、皇太子は、また他の級友同士は互いを「さん」付けで呼ぶよう決められていた。〝ギャボ〟というあだ名の体育教諭糸井氏はよく生徒に相撲をとらせたが、事前に「殿下に手ごころを加えてはならぬ」と訓示したものである。だから、皇太子はしばしば土俵にはいつくばらねばならなかった。鉄棒は苦手だった。逆上がりという単純な運動で最後に二人残る生徒がいる。皇太子と入江為年《ためとし》だった。為年は侍従長相政《すけまさ》氏の息子。シリがどうしても持ち上がらない様子を、他の生徒は退屈そうに眺めていなければならなかった。そのころ、はやった遊びに①三すくみ②帽子とり③騎馬戦――といったものがあり、騎馬戦で皇太子は必ず大将になって取っ組み合いをかなり派手に演じたものだ。ウ

◈註1……大正天皇の学友で、東宮侍従・掌典長などを歴任。晩年は明治神宮宮司に

マにはなったことがない。

戦争の影響が少なかった十七、八年ぐらいまで、毎週土曜の午後、級友十数人が東宮仮御所に招かれるようになった。該当者は前日、あるいは当日午前のこともあっただろうか、医務室で女医、加賀谷女史の健康診断を受ける。合格者だけが当日、御所に伺う。そのときも初等科の棟から隊伍を組んで出発し、離宮内庭に並び立つ。殿下お出ましにあたってきちんと礼をし、返礼を受け、次いで傅育官がその日の遊びを説明する。離宮の庭にはスキーで滑れそうな雄大な芝山もあるし、池もある。巨大な森がある。美しい芝生の田園風景まで広がっている。

傅育官はゴザ滑りという遊びを考案した。一枚のゴザを敷いて斜面を滑降するスリルある遊びだった。森の散策を楽しんだ折には、カラスの死骸とか雲母《うんも》の破片を見つけて幼ない好奇心を満たした。冬期には厚氷の上を滑った。時には集団の交流の中に、個人間の友情が育《はぐく》まれもした。

皇太子が友人の背に馬乗りになり「痴人の愛」よろしく歩かせる風景に目を止めた傅育官がいる。木蔭から見ていると「今度はボクが馬になるよ」と皇太子が言い、友人を乗せてかまわず砂利道を四つばいに伝わり始めるではないか。「もっとちゃんとまんなかに乗って」という馬の声が聞こえたからには、騎手の方が遠慮したに違いない。皇太子は芝のふちから砂利道を泉水のほとりまで這って通したのだった。

学習院初等科時代。級友からは
「殿下」と呼ばれた

臨場感あふれる山梨院長の日本海海戦講義

音楽の時限でこんな風景も演じられている。赤ブタというあだ名の自由主義分子、現東邦音楽大学副学長小出浩平氏の授業が始まった。教諭は一人ひとり指名するたびに姓名を名乗らせ、やがて「殿下」と呼んだ。皇太子は立ったまま、もじもじとして一言も発声できない。その日の後門の狼、村井傅育官はしばらく我慢していたが、耐え切れなくなったらしい。左手首を背に回す独特なポーズでつかつかと歩み寄り「お名前をおっしゃい、お名前を」と怒鳴った。怒鳴ったついでに右手でいやというほど皇太子の背をたたいた。蚊が鳴くほどの声で皇太子が「アキヒトシンノウ」と答えたとき、彼の眼には涙がたまっていた。

初等科四年生の夏、沼津・桃郷《とうごう》の学習院遊泳場で学習院恒例の臨海学校が開かれ、皇太子のクラスも初めて参加した。柳ごうりに生活道具一式を詰めて畳敷の部屋に集団で生活する。隣接の沼津御用邸から通った皇太子は休み時間を主に将棋を指して遊んだ。六文銭の真田（尚裕）が滅法強く、殿下も敗退を重ねたものだ。翌年は同所に疎開した。白ふんどし、赤ふんどしに名前を大書する。皇太子は泳ぎが得意で赤ふん組だった。当時から馬術にいそしまれ、一般生徒の父兄参観日など、傅育官らと数騎で波打際を走る姿に早くも孤影がにじんでいた。山梨院長が緑陰を選んで、日本海海戦を講義したこともある。海軍中尉で旗艦三笠に乗り込み、東郷元帥の背後で実戦に参加しただけに臨場感あふれる話しぶりだった。そのころには幼年学校、予科練、戦車隊などの訪問もできなくなっていた。いったん各家庭に戻り十九年九月、それぞれの実家から少年たちは日光への疎開行に旅立っていった。

いま、クラス会が開かれるのはこの初等科卒業組〝菊桜会〟だけである。皇太子が在学した中等科、高等科、そして大学ではクラス会はほとんど行われない。わずかに〝サモア会〟という寮時代一時期の懇親会が年輪を重ねてきている。

ヴァイニング夫人が皇太子の家庭教師に

大豆のカスだとか、得体の知れない草の粉を主食にし、カボチャをゆでて食いつなぐといった生活が二十年八月十五日を境に、日本人にはあたりまえの日常となった。年の暮れ、学習院は東京で授業を再開した。縁故疎開していた者も続々復帰した。翌二十一年、初等科六年の三学期には新課目として英語が追加された。中等科に進学すると、アメリカ人教師が皇太子の英語教育掛として着任するという。そのため早目に英語教育が必要となったのだろう、中等科の英語教師菊池氏が専任に当たった。あだ名をカメレオンといった。

作家国木田独歩が愛した武蔵野の面影が、武蔵小金井から徒歩でさらに三十分奥まった元教員養成所だかの跡地に色濃く漂っていた。紀元二千六百年式典用に建立された光華殿が移築された場所で、東宮仮寓所もその隣地に設けられた。ここだけは木製のへいで囲まれており、さらに西隣に学習院中等科一、二年生用の校舎があった。二十一年四月、開校した。

鎌倉から通学してくる学生などは片道三時間、往復六時間を要し、通学時間の方が授業総時間を上回った。八時半の朝礼に滑り込むには午前五時前に起き、すぐ出発しなければならない。どの電車も満足にガラスを残した窓があるのは珍しいほうで、乗り降りも窓からやっていた。

フィラデルフィア出身の女流作家エリザベス・グレイ・ヴァイニング夫人が初めて中等科一年一組に登壇したとき、教室の窓という窓は割れ放題で、春とはいってもうそ寒い風が教室内に吹き込んでいた。ドロ道とぬかるみを突破してきた学生たちが落とす靴の汚れは、そのまま砂ぼこりになって廊下や教室に溜まり、不愉快な砂塵を巻き上げる。

「グッド・モーニング・エブリボディ」

黒ずくめのスーツに黒の広いつば先の帽子をかぶった夫人はチョークのような膚の白さを強調して、美しい女であった。待ち構えていた一組の学生の真ん中あたりに皇太子も童顔を緊張させて立っている。皆大声で唱和した。

「グッド・モーニング・サー」。カメレオンに習った通りに口をそろえただけなのに、初めて見る青い目の背高ノッポは別の反応を示した。満面に笑みを浮かべ「ミスタア」とか「ミセス」とか言う。後でわかったことだが、サーというのは男性に対して用いる言葉であり、自分は夫人なのだから、この場合正しい用語とはいえない。これからは「グッド・モーニング・ミセス・ヴァイニング」というべきである。そう言ったらしい。

ヴァイニング夫人から英語を学ぶ

同席していた菊池カメレオンの眼が、このとき、あだ名の如く七色に変幻したことはいうまでもない。その後夫人は、さまざまの障碍を乗り越えて学生たちの心をつかんでいくのだが、ともかく知性と英知で武装したかと思われるほど冷徹で、かつ献身型の教師だった。質問し、答えられないと、何か一言いうまで彼女は学生と対決した。日本語を一語も交じえない授業だったから、さぞもどかしかったろう。

夫人は学生の一人ひとりに〝自立〟を求めた。自ら考え、判断し、そして行動に移すのが市民の基本姿勢だと教えた。新聞など活字に組まれているものを頭から信じてはいけないと説いた。必ず一歩退いて事象を見つめ、独自の思想をまとめたうえで自分の態度を決めるのが、責任ある市民の姿勢だと語った。

天皇の御希望とマッカーサーの皮肉と

ところで、皇太子に英語教師を付けるという発想と連合国総司令部の対日占領政策とは全く無縁である。二十一年三月五日、米教育使節団が来日した。ニューヨーク州教育長ジョージ・スタッダード博士が団長で二十七人の顔触れ。ＧＨＱと日本国政府に戦後教育の在り方を勧告する目的を有し、日本側文教関係者と話し合った。三月二十六日、皇居でお茶の会が開かれ、席上いきなり陛下が団長に対し「皇太子のためにアメリカ人の家庭教師一名を付けたいと思う。探してもらえないか」と申し出られた。

天皇のご発言は唐突だったため、並み居る人々を一様に驚かせるに足りた。スタッダード博士は内心の驚きを隠しつつ、そのような人物の選定は可能と思われること、以降この件については陛下の代表と詳細を詰めて手配することの二点を奏上して退出した。陛下の代表には山梨学習院院長と『太陽にかける橋』◆註2で知られた元外交官寺崎英成《ひでなり》氏が立った。

日米間の概念的取り決めが合意された。それは、①四十歳代の米婦人②皇太子に一週一時間の個人授業をするほか、学習院中等科で一般の英語授業を担任③姉妹宮にもなにがしかの講義をする——を骨子とし、待遇面ではGHQとは無関係で援助も受けないことを基本に①持ち家の支給②必要スタッフの供与③自動車の提供④年収二千ドルの給与支給、となっている。

帰米した米教育使節団長は同年四月、記者会見で日本皇太子の家庭教師募集を発表した。敗戦国日本の天皇が降伏間もないこの時期に皇太子の家庭教師をアメリカに求めたいという報道はアメリカ人の想像力をいたく刺激したようである。一九四四年のベストセラー、マーガレット・ランドン著『アンナとシャム王』◆註3（王様と私）が下地になっていたともいえる。自薦他薦組が殺到した。

◆註2……寺崎氏の妻グエン・テラサキ氏が、戦時下の日米人夫妻とその娘の運命を綴った著書

◆註3……同書はタイ国王の王子・王女の教育係として採用されたイギリス人女性が、封建的な制度や伝統とぶつかりながら、次第に国王と惹かれ合うというストーリー

無名のクエーカー教徒でフィラデルフィア出身の文学者、夫を交通事故で失った未亡人ヴァイニングが選ばれるに至るのだが、ここで強調しておきたいのは、彼女が自ら求めてこの職に就いたのではないという点である。同僚たちが推薦し、スタッダード博士のおめがねにかなった女性であったことだ。

ともかく、アメリカの一婦人がアンナの役を演じ、それによって絶対君主制を経験してきた日本に民主的君主が誕生するだろうとの想像は、大多数のアメリカ人のお気に召した。

一方、陛下の計画には特に東宮周辺の人々が気乗り薄だった。陛下のお考えではあったが、〝臣下〟はあらゆることに固有の危険が付きまとっていると考え、受け身の姿勢をとった。引き延して、できれば回避するという作戦を陛下に対してとろうとしたが、この件についての陛下の執心は深まる一方であったという。アメリカ側から送付してきた二候補のうちからヴァイニング夫人に白羽の矢を立てたのは山梨勝之進、レジナルド・H・ブライス（東大講師、学習院教授）、沢田節蔵（外交官）、寺崎英成、同夫人グエンらであった。

マッカーサー元帥はこの計画を眉つばものとみていたらしい。

「夫人、貴女は皇太子の家庭教師に任命されたときにこうは考えませんでしたか。つまり、実際にやっている以上に、民主主義を学ぼうとしているんだというふうなポーズ。日本側がGHQをそう説得しようとして、皮肉な政治的行動を示した……。それが貴女の任命だった、というように」

元帥がヴァ夫人に最初に浴びせた言葉である。元帥の質問そのものが、何よりも雄弁に、この一件がGHQ側の発案ではなく、日本側から出されたものであることを、証明し尽くしていた。

初めてのあだ名は〝チャブ〟

中学一年生の一群が東宮仮寓所の外塀に沿って校舎の方角へ歩いている。鳥尾敬孝《あつたか》は何を思ったか一人飛び出し、先頭に走り、そして振り返った。背は特別に低いほうである。鳥尾はピョンピョンはね回り、手拍子を打って、囃《はや》し始めた。

「素焼きの茶ぶた、素焼きの茶ぶた」

一群の真ん中にいて、正面向いて歩を進めていた皇太子は明らかに困惑していた。「なんだい」と、幾度となくつぶやいた。鳥尾は囃し立てながら、説明を加えた。

「茶色いな、茶色いな、素焼きの茶ぶたそっくりだ。ヤーイヤイ」

仕方なく、皇太子は苦笑した。蚊取り線香をぶら下げる陶製の器を、だれもが頭に描いたようだった。反応の遅い笑いだったが、やがてはじけるような爆笑に変わった。このとき、皇太子に初めてあだ名が付いたのだった。「チャブ」。

これよりはるかな年月を経て、世間は〝天チャン〟の長男を〝ヤミ天〟とか〝チビ天〟と呼称するようになるのだが、このころから仲間うちでは、この〝チャブ〟が皇太子の代名詞になった。ごく親しい友人たちは直接チャブと呼びかける。そのような習慣も始まった。

三年間の中学生活は、自我の確立期だったといえる。徐々に社会性に目覚め、豊かで強烈な個性が周囲で破裂し始めるにつれて、皇太子も人格の基礎になる芽を育てていた。その芽は当然のことだが、まだ無方向性のものであり、荒削りで野性味を帯び、将来どのような結果を生むのか、見当もつきかねた。

皇太子のクラスに、著名な学者が投入されたのはこのころである。その一人に久松潜一東大名誉教授がいて、国語を担当した。先生は言葉の区切りに、ふだんは滅多に使われない助詞「○○をば○○する」の語法で〝をば〟を多用するくせがあった。悪童たちはたちまち先生に〝をば〟というあだ名を付けた。

先生は丸っこい眼鏡をかける。歩き方もなんとなくたどたどしい。温厚な人柄で、作文を愛し、広く読書をすすめた。やがて生徒の中から、先生の蔵書である太平記四十巻を借用して読むものや、近松門左衛門、井原西鶴の原書を読破しては読後感を提出する者を生み出したが、先生登場の当初、先生は人並みに受難の苦しみを経験したものだった。

小金井ＣＣが背後の林に横たわっている地形上、ロストボールはわけなく拾える便があった。割ると、細いゴムひもを固めた中身が出てくる。注意深くほぐすと、数メートルの長さのひもが何本か生産できた。これを縦横に使って教室入り口から教壇付近まで張りめぐらしたことがある。チョーク入れの引き出しのヘリとかにくくりつけておき、始業のベルが鳴る

学習院中等科では、初めてあだ名が付いた

とともに起立して先生の入場を待った。

皇太子は手を貸さなかったが、別段止めだてするでもなく参加したから、共犯のそしりは免れないだろう。やや猫背の先生が教壇に到達するまでの間、細いゴムひもは先生の体に引っ張られて複雑な力学関係を生み、爆竹が割れる要領でほうぼうの小箱が一斉に宙を走り、音立てて転げた。生徒たちは見事な成功だったので失笑をかみ殺すのに必死だった。だが先生は顔面を紅潮させ、明らかに激怒されたにも拘わらず、無言で耐えた。

別の授業では教室半分の机を南側にびっしり詰めて、そこに片寄る作戦に出た。このときは絶対不参加を個々に誓ったクソマジメ派が五人ほどいた。大久保忠恒、皇太子らだった。久松先生は何も言わなかったが、ほとんど半身を南側に向けなければならなかったから、実行派は一応満足した。

皇太子の一言で悪行を慎んだ友

井口《いのくち》道生と橋本明は小銭をかせぐ方法をいつも考えていた。井口の案で、文房具のブローカーをやることになった。二人は小遣いを全額出し合い、単語帳、鉛筆、消しゴム、物差しなどを買い集めた。校庭の樹木の下などで、二人は仕入れ値の二、三倍で生徒に売りつけた。もうけた金は、大抵氷水に化けた。ある日、二人は教室を出て、畑の裏手を歩き、木片を二、三個拾ってきた。これをなんとかつなぎ合わせ、釘を打って、間抜けた形の貯金箱を作った。二人は箱を自分たちの教室に置き「オレたちは貧乏なんだから募金する」と口実を述べ、級友に迫って貯金させた。一週間後、土台石にたたきつけて割ってみると、二人の遊興費がごっそり集まった。

それも一時のもうけでしかなかった。橋本はくつ磨き一式を用意してきた。だれかれとなくつかまえては墨を塗り、ブラシを巧みにさばいて小銭をかせいだ。

「ひどくいやしい男だ。彼の行為はとてもいやなものだ。しかし体育委員をしているところを見ると、長所もあるのかもしれない」――清水侍従から皇太子がこのように言っておられた、と聞いて、橋本はいささか衝撃を受けた。考えてみれば、皇太子と同クラスにいるというのは特別なことかもしれなかった。学期末の通信簿で二人とも「操行」が「可」と出たショックも加わり、悪行を慎むことにした。

ひそかに便所掃除をしたり、英語の研究会を結成し始めた。チャブと呼ばれるようになった皇太子は級友たちと光華殿東隣のテニスコートで硬式テニスに打ち込み出し、お住まいの内庭では弓道に熱を上げた。十二月二十三日の誕生日には、初めて学友八人ほどを常盤松の東宮仮御所に招いた。〝現人神《あらひとがみ》〟の時代では、皇太子の居間に学友を招いた例はない。

南面に長廊下を走らせた小金井の仮寓所は平屋の日本家屋だった。西端に主《あるじ》の居間があり、畳の部屋に籐いすなどを置いていた。東端にはふろ場があった。水中に電気棒を放り込んで熱する型式のもので、初めてそこにおりて入浴するはめになった一学友は、何かビリビりして気色が悪いので、棒を上げて洗い場に放り出し、何食わぬ顔で殿下の部屋に戻ったことがある。そのうちに爆発音が鳴り響き、全屋停電になった。電源を切らなかったため、過熱して壊れたのである。学友をののしる声が居間まで伝わって来たとき、彼はこんな家には来るものではないと、真剣に思ったそうである。この世界では、知らないということは「教養の無さ」に通じると、痛いほど思い知ったという。

折角の夕食を皇太子と友とはろうそくの灯の下で摂《と》らなければならなかった。

ある年の夏であった。一週間もすれば夏休みに入る。皇太子は話があるからと言い、橋本を裏の畑に誘った。沼津御用邸付属邸で過ごすつもりだが、来てくれないかという。そのとき別に二人招きたい、心当たりの人間の名を言ってくれないか……。そんな用件だった。

山本五十六元帥の二男忠夫と草刈廣《ひろし》に決まった。二人とも中等科から学習院に転入してきた新しい仲間だった。草刈は休み時間に、上級生が投げ合っていた野球のタマをひょいと手を出してキャッチし、その道で強いことを示した秀才型の少年だった。その後学習院の野球部を支え、社会人野球でも活躍し、伏見章子[註4]と結婚した。

◆註4……旧宮家の一つ、伏見宮出身。博義王の三女

テニスに熱中したのは、中等科時代から

ライフ誌が皇太子の写真を撮りにきた

二十三年八月二十日から二十六日まで、山本忠夫、草刈廣、橋本明の三人は沼津御用邸付属邸に招かれ、明仁親王と起居を共にした。四人ともイガグリ頭であった。

山本は精悍な男だった。スポーツや絵画に対して天稟《てんぴん》を備え、一本気をむきだしにし、正義を愛した。亡父五十六の国葬に際して恩賜の黄金作りの太刀一振と列席していた少年忠夫の姿を、橋本は記憶にとどめていた。

御用邸付属邸の建物は床が高い。海に面した窓や引き戸をことごとく開けると、酷暑の昼下がりでもなお廂に涼風がからまった。寝室にはカヤを張り、四人は共に一室で並び寝た。寝つくまで、限りなくおしゃべりに興じた。

精気をいつもみなぎらせ、真面目さを常に失なわず、折り目正しい草刈は鏡に映したような表裏ない少年だった。橋本には覇気はなかった。だが内舎人《うどねり》◆註5は評して、この少年が笑を失うと全員が暗くなると語った。山本は彼について、臨機応変の才があると言った。

明仁親王と山本は黒の海水パンツに白のバンドを締めて海に入った。草刈と橋本は白のふんどしを巻いた。海に入ると、親王は強靱だった。速度をあげ長い距離を一気に泳ぎ切った。

右前方に張り出している牛伏まで競泳したこともある。親王が最も安定した強さを発揮した。夜釣りも楽しんだ。舟を浮かべ、舷側に灯りを投じると細長い魚が寄って来る。それを網ですくい取りするのである。魚はサヨリかなんかだったろう。

この合宿中、親王は友人らに自作の和歌を披露した。どこに行っても日の丸の小旗が揺れる風景をとらえたもので、少年皇太子が国民の温情を感得して歓ぶ、というたぐいの作であった。親王が既にただの少年ではないことをうかがわせるに十分だったし、親王の内部で自我が芽生えてきたことをはっきり示すものであった。

この夏は天皇退位説が流布された最初の時期として記憶される。木戸内府が極東国際軍事裁判で死刑の判決を受けた場合、天皇は退位する、という説であり、ニューヨーク・タイムズ紙もそれに先立ち天皇の戦争責任を挙げて退位を呼びかけていた。

ヴァイニング夫人の手記によると、天皇退位を単に可能性としてとらえるだけではなく、確実に起こり得ることだとして夫人に告げた人物がある。それは安倍能成学習院院長（元文相、東宮参与）であり、時期は二十三年五月二十五日のことだった。

夫人は大いに悲観した。いま十四歳で明仁親王が襲位したら、僅かに手に入れた小さな自由も失うであろう。彼の人間としての成長は停止せざるを得ないだろうとの思いに、激しく悲しんだと夫人は書いている。

◆註5……東宮などの身辺雑事を請け負う職員

数日後、ライフ誌の記者が小金井に来て皇太子を撮影した。夫人はいよいよ退位の準備が進んでいると膚で感じたという。たかがライフ誌の表紙に皇太子の写真を掲載するだけのために、わざわざ授業開始を遅らせる学校などあるはずがない……。夫人の秘書高橋たねにも宮内官僚から情報が入った。いまや危急存亡のときとその官僚は告げたのだった。

ほどなくして退位論は鎮静してきた。ライフ誌は皇太子の写真を使わなかった。人々も忘れたように二度と退位を口にしなくなった。だれが決定したのか、一切が闇に葬むられた。マッカーサー元帥が最終決断したと説をなす者もあったようである。真相はわからない。同年十一月十二日、東条英機ら七人に絞首刑、木戸内府に終身刑など極東裁判が判決を下した際、天皇陛下は「留位して平和国家を建設することが自分の使命である」と側近に洩らされている。

「生前退位」をめぐる論争

少しく説明を要するだろうか。

二十年十二月、梨本宮守正王[註6]が戦犯容疑者として逮捕された翌日、ワシントン・ポスト紙は「天皇も例外ではなくなった」と書いた。しかし二十二年十月十日、極東軍事裁判のキーナン首席検事は「日本の実業家が戦争責任者であるという証拠はついに見つからなかった。天皇と主要な実業家を戦争犯罪人として裁判にかけろとの議論もあったが、長期にわたる調査の結果、これらの議論には正当な理由がないことが明らかになった」と談話を発表し、天皇を訴追しない米政府の方針を明示した。

戦犯容疑者を免れた二十二年秋、ニューヨーク・タイムズ紙は社説で天皇に退位を呼びかけた。「国を指導し、破壊と荒廃の結果を招いた天皇は徳性に欠けたと評せざるを得ず、少なくとも何らかのペナルティ（罰）を払うべきだ」と道義上の責任を論じて、初めて公然と退位を要求したのだった。

この時期、合法化された日本共産党を先頭勢力に、国内でも天皇退位を是とする有力な論調が朝野《ちょうや》を蔽《おお》った。左翼勢力以外からも激しい突き上げが加わった。それは「陛下個人のイメージは敗戦で汚された。天皇制を維持・強化するためには天皇の退位が不可欠である」と論点を絞ったもので、相当な支持を集めた。

そして二十三年夏の動きに結びついた。このときには政府首脳の間で退位が激しく論じられた気配がある。ともあれ、木戸幸一は終身刑との情報が最悪事態回避への灯となり、天皇自ら「留位して」と述べられることによって国民的動揺鎮静化の効果をあげ得たものと解される。

◆註6……旧宮家・久邇宮朝彦親王の第四王子。のちに同じ宮家の梨本宮を継ぐ。元帥陸軍大将。伊勢神宮祭主を務めたことを理由に、皇族で唯一A級戦犯容疑者になるも不起訴にいささか脇道にそれるが、いま一つ指摘しておきたい事柄がある。

天皇に死ぬまで退位できないと決めた明治憲法下の皇室典範を新憲法に基づいて新しい皇室典範に作り変えるとき「制度として、天皇の退位を可能にすべきかどうか」が、本論に据えられた。しかしながら実際には「今上陛下が退位すべきかどうか」という緊急な時事問題と関連したため、本質的討議を怠る結果を生じた（宮沢俊義氏見解）［註7］のである。

「天皇の生前退位を認めないのは、あまりにも天皇の自由を拘束するものであり、基本的人権と法の下の平等を謳った日本国憲法の精神に反するから、特別の理由がある場合には退位を許すべきである」と主張されたこの立論が、天皇退位の圧力と受け取られ、混同され、冷静さを失う当事者間の論争に結びついた。結局、生前の退位は認めないことになり、第四条「天皇が崩じたときは、皇嗣が、直ちに即位する」という非人間的ともいうべき生涯在位の使役を天皇に課す形に落ち着いている。天皇に譲位の自由を認めるかどうかの議論は、いつの日か再考されるべきだと指摘しておこう。

さて菊池、宮本両教諭の個人的指導で、生徒有志たちは英語研究会に加わった。皇太子も仲間の一人だった。二十四年三月をもって中等科の生活、武蔵野の面影を色濃く残した野性的環境の学園生活は幕を閉じた。十五歳の少年はしかし、この時点から長い長い皇太子時代の一歩を踏み出したとも、いえた。

「天皇制を二度と軍部のオモチャにさせない」

五十二年七月十九日、皇后陛下は天皇陛下と那須御用邸で避暑中、にわかにぎっくり腰になられた。ひねられたのであった。検査の結果、第一腰椎にへこみがあることがわかった。そのために負担が当個所に重荷し、筋肉痛を起こすようである。ご帰京時にも身体を横にされ、以後、公式行事は手控えておられる。この年の六月ごろ、皇后さまは、おたちくらみにもなられている。同月、須崎御用邸ご滞在中もバナナワニ園への行啓を中止された。ぎっくり腰以前から老化現象が進行していたとみられる。しかし、血圧は六五―一三五と正常である。食欲はむしろ心配されるほどお強い。一日三十分の散歩を日課とされているが、運動不足が何に結びついてくるか。糖尿は出ていないという。

一日も早いご快復を祈るばかりだが、この夏は別の面でも特大ニュースが那須御用邸から生まれており、記憶にとどめることになった。恒例の宮内記者会会員に接見の折、陛下が「人間宣言」成立の裏話に触れられたことを指している。

陛下は①天皇の神格否定は二次的なものであった②日本において民主主義は戦勝国によってもたらされたものではない③国民に自信を持ってもらうために、宣言冒頭、〝五箇条のご

◆註7………憲法学者の東大名誉教授。貴族院議員も務めた

誓文〟を引用し、民主主義が明治維新においても基本的な思想であったことを明らかにした——との趣旨で説明を加えられた。

一部には眠れる子を覚ます類のご発言という批判も生じている。宇佐美宮内庁長官は困惑の態であったという。帰京してきた記者たちに、宮内記者会側が誘導質問したのではないかと訊ねたという。記者たちは「そんなことはない」と否定した。ともあれ陛下は激動の昭和史について、折に触れて話をされている。その対象は主として皇太子や側近なのだがこの時は記者を対象に話をされたのであったろう。

ところで、ヴァイニング夫人は昭和二十一年元旦の天皇の人間宣言がマッカーサー元帥か幕僚、あるいはジャーナリストの発想だったと看做《みな》していた人物である。筆者がしばしば同夫人のことを引用するのは、夫人の雇用者が日本政府、パトロンが天皇、そして片足は連合国軍総司令部に……という多角性の持ち主だったこと、日米間に外交関係が存在しなかった時代に大使といった役割を自覚し、価値観の大変動が発生して日本人全体が新しい進路を模索し始めた戦争直後のこの時期、ともかく天皇を身近に見詰めた観察者だったからに他ならない。その夫人の著書によると、二十二年夏、エスター・ローズ女史◈註8がフレンズ派会員の前田多門氏（元文相）の軽井沢別荘に身を寄せていたとき、訪ねて行った。

前田氏も滞在中で、ものうい昼下がりの午後、三人は居間から樹林越しに山雨に煙る浅間を眺めてすごした。前田氏は文部省の役人が起草した人間宣言の草案とブライス教授の助けを借りて行ったその英訳について話を始め、夫人に青縞模様入りの紙にタイプした英文草案を渡した。一読すると、それは発表された英文と同一文であり、そのことから夫人は、これが人間宣言草案の最初の下書きに違いないと判断した。日本語よりも平易な英文でつづってあり、極めて興味深かった、と夫人は記し、さらに前田氏が「人間宣言の主要な目的は天皇制を二度と軍部のオモチャにさせないことにあり、天皇の神性を否定するというのはむしろ副次的な産物だった。日本のインテリにとって、天皇の神格性はさほど深刻な議論にはなり得なかった」と語ったと書いている。

「皇太子は正直な人物」とブライス教授は書いた

天皇ご自身の説明によって、主な目標が国民に自信を持たせるところにあった点が明確になり、五箇条のご誓文がそれゆえに全文引用され、マ元帥も賛同した背景が物語られたわけだが、ここではっきりしたのは、天皇の神格性をまともに信じていた支配者がほとんど皆無だったという点であろう。天皇は制度としては神だったが、個人としては人間であったという認識は均衡した概念だったということだ。一般大衆だけが、神から人間への移行に幻想的な価値観の訂正を迫られたのに過ぎないのである。

◆註8……アメリカ人宣教師。のちにヴァイニング女史の後任として、明仁親王の英語教育係になった

この感じは、皇太子を取り巻く少年たちの間でも同様であった。初等科から同じ釜のメシを食って生きて来た少年たちが、皇太子を神の子と受け止めていた証拠はどこにもない。半面、中等科、高等科、大学など節目ごとに入学し、新たに皇太子の周辺に身を置くようになった学生たちは、皇太子の人間性よりも、観念で造成され、一般教育で培われたより制度的な皇太子の方に身近であった。距離が遠ければ遠いほど、天皇個人よりは天皇制のなかの天皇にしか思考が働かない。

二十四年三月二十六日、安倍院長から証書を受けて皇太子は学習院中等科を卒業した。

雲もなき空をそめつつ冬の日は
　富士の彼方にかくろひにけり

雲間より光を放つ久方の
　月横ぎりてからす飛び行く

などの歌を詠んだ三年間は終わった。休みに入って、親王が取り組んだ作業があった。頭髪を伸ばすことであった。

学習院高等科は武蔵小金井から豊島区目白に移って始まった。最初の登校日、学生仲間の間で情報が飛び交った。「チャブが七三に分けているらしい」という情報だった。極めて自意識過剰な青年が出現したのは、そういう好奇の目にさらされてのことだった。親王はこってりとポマードをつけて、そっと歩いてきた。まるで頭を振ると総毛だってしまうのを恐れているかのような、それでいて得意満面なポーズだった。苦労話が始まった。「コテを当ててね。毛を倒すのが大変なんだ」と親王は言った。大人びてみえた。真似するものが続出した。二、三センチの髪と格闘しながら、それでも一学期が終わるころには、クラスのほとんどが髪を整えるようになった。

そのころの皇太子について、R・H・ブライス教授は「最近、殿下は何か科学の法則を超えた彼方のものに、ある信念を抱き始めていられる。特に彼にとってある確固不動といった世界の中に、ある自由というものを感じ始めていられる」と書いた。そして、彼に対する自己に触れて「私はこれまで皇太子が正直でいられることについて、何度か語ったことがあるが、ここでもう一度くりかえしていおう。この点では、彼こそは私が今まで会った人たちのなかで私をひるませる唯一の人なのである。大体私は余りにも民主的でありそれにまた皇太子に慣れすぎてしまっているので、彼の地位にも万世一系といった家系にも、一向畏れ多いという気持ちは起こらない。ところが殿下に向かうとたちまち神に向かってうそをつくのと同じような気持ちになりそうなのだ。殿下の前では、正直こそ唯一無二の徳に思える」とも書いた。

皇太子は正に正直な人物である。自分の能力について大げさにいわれることを好まない。それゆえに、他人に正直さを求める点でも苛烈な峻厳さを備えつつあった。

ヴァ夫人邸で英会話力を身につける

斯波正誼《しばまさよし》という青年がいた。現在は日本原子研究所に勤務する技術者である。皇太子の学友から学者の道を歩んだ人材には在米のアルゴンヌ国立研究所にいる井口道生、上智大教授大久保忠恒、ソニーに行った渋沢裕、大阪大学教授須田信英、ヨーク大教授関根友彦、NHK総合技術研究所の二階堂誠也や、東京外語大の原忠彦、東京医科歯科大医学部附属病院第三内科の村瀬弘、日立製作所戸塚工場日立戸塚病院の榊玄彦、ハーバード大教授久野暲《すすむ》らがいる。毛色の変わったところでは旧姓堀田、徳川黎明会専務理事、徳川美術館長の徳川義宣が挙げられる。

斯波は優しい人柄で、こぶりの、良く均衡のとれた精神の持主だった。なかなかに闘志を抱き、関根や橋本と馬術部に入部する一方、ヴァイニング夫人の皇太子に対する個人教授に際して半年間お相手を務めるよう、この一学期から橋本とともに抜擢された。中学時代後半から、夫人はそのような試みを実行し始めており、斯波組は何期目かのお相手に当たっていた。

個人レッスンは下落合の高台にあった夫人の自宅で週一回ずつ開かれた。当日、二人は目白の学習院から徒歩で先着し、夫人とともに殿下を迎える。侍従らを応接室に残し、二階にあった勉強室に上がる。ここで遊んだり、読書したりして会話力を身につけるという寸法だった。夫人はキプリングなどの一節を読む。三人に聴かせた後、どのような筋書であったか問うのである。「東は東、西は西、相交じわることなし」の意味について討論したこともあった。

モノポリーという四人用の室内遊戯にはよく興じたものだった。独占とか専売といった意味だが、かなり複雑で面白かった。終わると階下に降りてお茶の馳走を受ける。秘書の高橋たねさんが同席することもあった。戸田、黒木侍従らにとってもどうも苦手の時間であったようだ。「日本語のわかる高橋さんがおられると英語を使う気がしない」などとこぼしていたものだ。これまでに参加した学生全員を集めてパーティーが開かれたこともある。夫人から一人ひとり紙片を受け取ると『バラの下を見よ』とかのカギになる文言が書いてある。バラの図柄を施したクッションの裏側にさらに次のカギがひそんでおり、最終到着点に贈物が……。このようなスタイルで結構楽しく過ごした。

ヴァイニング夫人はそのころ〝他流試合〟を考え始めていた。米、豪州側から各一人の青年を選び、皇太子組と交じわらせたのである。ジョン・オブライエン、トニー・オースチンの二人だった。夫人の記述。

「二十四年四月以来殿下の新しい生活の幅が広められ、私の知っている限りでも三つの新しい経験を積まれた。その第一は六月初めのある午後、殿下と二人の学生のレッスンが私の家であったとき、アメリカン・スクールの同年輩の生徒を二人よんだのです。五人の学生は英語でモノポリーという遊びをし、後で冷いものを飲み、サンドイッチやチョコンートを頂きながら、世界中のどこの国の男の子たちでも興味をもって話すような事柄——学校、運動、好きなもの、嫌いなもの、旅行した場所のことなど——について話し合いました。こうして西洋の少年と一緒に何かされたのは殿下の初めてのご経験でしたが、英語といい、態度といい、全く折にかなったものでした。あとで二人の西洋の少年は、皇太子はREGULAR FELLOW[◆註9]だと申しておりました。少年たちの間でこれ以上のほめ言葉はないのです」

夫人は第二の出来事をマッカーサー元帥訪問（同年六月末）、第三に軽井沢の夫人別荘における皇太子三日間ご滞在を挙げている。ジョンとトニーとの交遊は幅広く、皇居に招かれたり、各家庭を訪問するなど相互性を加味していった。

東宮仮寓所の全焼と侍従へのいたわり

小金井を引き払って豊島区目白の学習院に校舎を移すと、皇太子は武蔵野の一隅に淋しく取り残された。この問題を解決するため、中等科時代に使った寮を高等科生徒のために開く措置がとられた。約二十人の学生が十畳の畳部屋に各二人入居し、殿下もパートタイムの寮生になった。構成は三年生が半数、二年生と殿下らの一年生がその半分。一般学生は目白まで電車通学し、殿下は自動車で往復する生活を三ヵ月継続した。この間、毎週三晩を皇太子は光雲寮で過ごし、団体生活を送った。一週一度、二人ずつの学生が全寮生の前で話をすることになっていたが、皇太子は「動物礼拝」という題で講演した。

そのころ、皇太子は四日を学校の授業に出席し、他の二日を特別の教師について個人教授を受けた。二日のうち一日は小金井で、一日は目白の校舎で受ける形をとり、英語三時間(ブライス氏とヴァ夫人)、数学二時間、科学二時間、習字一時間、西洋史一時間、倫理一時間、弓術一時間、音楽、和歌一時間が個人科目の内訳だった。当時の人事関係では、松平慶《よし》民《たみ》宮内大臣逝去後、宮内庁長官に田島道治《みちじ》、東宮大夫には最高裁判事に転じた穂積重遠の後をうけて学習院教授野村行一が就任し、東宮の教育責任者に元慶応義塾塾長小泉信三が登場している。

入江為年の述懐によると、皇太子は朝学校に姿を見せると、始業の午前八時半まではピンポンに興じていたという。台が一台よりないため順番待ちが大変だったが、彼は割込みの常習犯だった。皆が不当を訴えてからは神妙になったが「そんな下手なのは早くやめろ」と怒鳴ることだけは忘れなかった。

二十四年十二月二十八日夜、武蔵小金井の東宮仮寓所が全焼した。向かって右端の小部屋

◈註9……………「いいやつ」「快男児」の意味

内部が残っただけだった。東宮はお留守。栄木《さかき》忠常侍従が当直だったが、食堂付近の無人部屋から出火したらしい。

火勢が強く、何も持ち出せなかったため、東宮の身の回り品は焼失した。葉山御用邸で悲報を受けられた殿下は初めて、戦災で何もかも失った多くの国民と同じ境遇を体験したのだった。書籍はもとより、一番好きなテニス道具、タイプライター、幼年時代からのアルバム、成績類一切を失った。

疎開中にも赤坂の屋敷を焼かれている。しかし、このたびは疎開して助かった貴重な記録が灰になっただけに痛手は言語を絶した。

とはいえ、栄木侍従に対して皇太子はあくまでもいたわり深かったという。この火事で、皇太子は皇居内の義宮御殿に同居する形となった。三笠宮崇仁《たかひと》親王殿下◈註10はこのころ、次のような一文を公にされている。

「皇族に特殊な現象として、親子一緒の生活か、完全な寄宿生活に属さない生活がありま す。それは先生だか家来だかよくわからない——というより両方の性格を兼ね備えた——人たちとの共同生活です。これはどう考えても私には割り切れませんでした。もっともこのような異常な生活様式が現れた歴史的必然性も考えてみる必要はありますし、また現在まで東宮さまが、この焼けてしまったおやしきで、いままでそのような生活をどうしてもやらなければならなかった理由も私はある程度知っています。しかし、私はそれは絶対に打破できないことだとまでは考えかねます。なにはともあれ、今度の火事によって新しい生活様式に東宮さまが移られることは、私にとっては非常に興味あることなのです」

◆註10…………大正天皇の第四皇子。昭和天皇の弟宮で、明仁親王の叔父にあたる

第三章　学習院高等科――青年・皇太子の悩み

『布団敷けと怒鳴るは殿下逆上す』

昭和二十五年一月十四日午後、東京は小雪まじりの冬景色に静まっていた。東京・目白の学習院高等科Ａ組教室では林友春先生の社会の時間が淡々と進んでいる。憲法の講義であった。

中央付近に席を占めた明仁親王は隣席の橋本を見つめて、ふっと次の言葉を洩らした。

「世襲の職業はいやなものだね」。講義は天皇の項目を扱っていたのである。親王の表情に何かを読み取ろうとして、われ知らず狼狽した橋本の眼には、にこやかに微笑んでいるいつもながらの親王の姿が映った。屈託のなさが、かえって親王の深層部分を押し隠しているように橋本は思った。

宮は別に説明を付け足したわけではない。橋本が知る限り、後にも先にも、宮の口からこのような感情が語られたのは、高校一年三学期のこの時間をおいてほかにはなかった。

将来の生活について選択権がない。皇太子は天皇になる以外に選択すべき道がない。意外性を当初から望むべくもない青春は、矢張り、灰色の世界を皇太子の生活環境に植えつけるものであったのだろうか。

この年、初めて皇太子のスキー行が実現している。千家崇彦、大久保忠恒、橋本明の三人が宮城内の東宮連絡事務室に集まり、スキー服に着換え、義宮御殿に参上したのは一月二日午後八時を過ぎたころあいである。東宮仮寓所が炎上したため、三人とも正月のあいさつを述べることすらはばかられる心境だった。

しかし親王は学友を困難な立場に追い込むほどヤボではなかった。義宮正仁親王殿下を交じえて五人でお茶を喫し、夜九時二十分ごろ、立川へ向けて出発した。駅には進駐軍のRTOの分室がある。そこで休憩し、間もなく午後十時四十三分発長野行き準急列車に乗り込んだ。御乗用列車は二等席、三等席の半々に分かれ、中央両側に寝台を置いた別室が付いていた。摂氏二〇・五度。

行先は志賀高原熊の湯。長野駅から長野電鉄を利用して湯田中へ。十二荘までバス。そこから雪上車に分乗して丸池に到着したのが三日午前十一時ごろであった。群らがる新聞記者のなかに田英夫氏がいた。共同通信社会部記者、全日本スキー連盟指導員の肩書を持つスキーのベテランだった。

教師は猪谷六合雄さん。息子の千春君を助手とし、妻を伴って一行を我が家に案内し、それぞれのスキーにシールを付けさせた。当時、志賀高原ホテルは米軍が接収中で、丸池の大斜面にだけリフトが設備されていた。熊の湯までは用具を付けて歩く寸法である。猪谷氏としては、この間に基本的なスキー走行を身につけさせる考えであったのだろう。交互にスキーを蹴出《けだ》し、その際ストックはこうさばくと説明しながら二時間半を要して熊の湯に到着している。早くも、シールが外れるなどのトラブル続きで一行は相当に苦労したが、旅館で小一時間休むと早速外出し、旅館前でキックターンを練習したうえ、裏の斜面を踏み直滑降を重ねた。熊の湯旅館には今なお当時撮影した記念写真が飾られている。

全日本スキー連盟からは小川勝次副会長が息子の次郎君を伴って参加、東宮職から戸田侍従、佐分利侍医が、長野県からは宇野体育課長が加わったもので、八日、上林温泉経由で長野を離れるまで計七泊八日（車中泊二回）のスキー行だった。

練習課程は直滑降、シュテムボーゲン、全制動滑降、斜滑降、小幅開脚谷回り、同山回りといった具合であった。七日には横手山の山スキーを織り込んである。皇太子は平衡感覚が抜群に良く、進歩はだれよりも速かった。千春、小川次郎らと旅館の夜はトランプ遊びにはずんだ。宿帳に『布団敷けと怒鳴るは殿下逆上す』の駄句が記されたように、スキー期間中の皇太子には他人を引きずり込むような明るい笑顔と魅力が満ちていた。

はげしい感情の起伏がつづく日々も

それなのに、翌十日登校して来た皇太子からは、元気な、まったく楽しいといった微笑の絶えなかった面影は、忽然と消え失せていた。義宮御殿にくつろいだとき「学校はつまらない」と不服を隠さなかった皇太子だが、それにしてもこのころの皇太子は感情の起伏、振幅の度合が激しい性格であり、周囲にいる者に異和感を与えやすかった。トニーですら「彼は変わっている」と批評したことがあるくらいだから、気分屋だったと言ってよいのであろう。「殿下はすぐ変わってしまうので接しにくい」とトニーは語ったのだった。そして彼の言葉は、適切で当を得ていたし、名言でもあったのである。

当時、日記を付けていた某学友は「殿下の周囲には人がいるようであるが、案外少ない。それもうなずける」と感想を綴っている。世襲という職業への疑惑、嫌悪、自家撞着が揺れ動き、喜びからウツウツとした心情への移転、勤勉から怠惰、快活から孤独感への変身を交互に容易にさせていたと分析できる状態だった。

このころ、皇太子は決して勉強好きとはいえなかった。成績も芳しくなかった。しかし、それは徐々に大衆の中に埋れていた個性が輝きを示し出す時期といえなくもなかった。

馬術部次期主将の呼び声

東京教育大附属高校[註1]と学習院は定期戦をもって闘う仲である。各部対抗試合の形をとり、相互に附属戦、院戦と名付け、いまも存続している。各部対抗の形式を学校対抗に一括し、全学生を巻き込んで数日間の行事にしたらどうか。そのような案が出始めたとき皇太子は陰の推進者になったし、高等科に進学後、馬術部に入部して以来、次期主将の呼び声が高かった。

馬術部員の仲間には、現在同部監督を務める日産自動車の明石元紹《もとつぐ》、関根、斯波、橋本、町田、石田らが同学年生として加わっていた。持ち馬にはクセの多いやせ馬が目立ち、早朝の世話は新人にとって空恐ろしい地獄の時間であった。クツワをはませるとき、鞍を置くとき、馬は蹴ったり、嚙みつこうとする。

側壁に押し付けられて息が止まる思いに青ざめる部員も多かった。騎兵出身の師団長を祖父に持ち、若年のころ馬事公苑で訓練を受けた橋本にしても、馬は恐怖の対象であった。ウロウロする仲間の中で、皇太子だけは凜然としていた。彼にとって馬は下駄同様であった。彼は皆を勇気づけた。手荒な馬も、のっそりした馬も、掌中に軽々と抑え込む技倆《ぎりょう》は天性の

◈註1……現筑波大学附属高等学校

資質といえた。皇太子が馬を御す姿は美しかった。

皇太子にとって級友とご学友の違いは何か

当時のマスコミは級友らに的を絞っていた。新聞も雑誌も皇太子の生活や人物像を描く目的のためにまずクラスメートと接触したのだった。マスコミは彼らに「学友」の名称を付けた。

ご学友という呼び方は「東京御学問所」という公式な制度が存在した時代に、東宮のお相手を務めた御学問所に所属する生徒に冠せられたものである。同じ学校で学ぶ友、あるいは、学問上の友を意味する学友とはいささか違いがあった。新制中学校の一生徒として進学された段階で、皇太子の仲間はクラスメートあるいは級友といったほうが正鵠を射ている。御学問所ではご学友は限定的に選別された少数者であるがゆえに、一般の教育制度とは別の場だったがためにまさにご学友だった。だが、皇太子の場合は他人あるいは他機関があらかじめ選別した学友を友としたわけではない。数多い級友と交じわり、そのなかから自ら親しい友を作っていった。そこには皇太子の自由な意思が介在したし、級友たちの側も、自由な意思で皇太子の友となったり、あるいは拒絶して皇太子を友としなかったりしたのだった。友情関係は対等を基礎とした、といえば説明になるだろうか。

宮内記者会は五十二年十二月、満四十四歳ご誕辰の会見で皇太子と学友論争を交わしてい

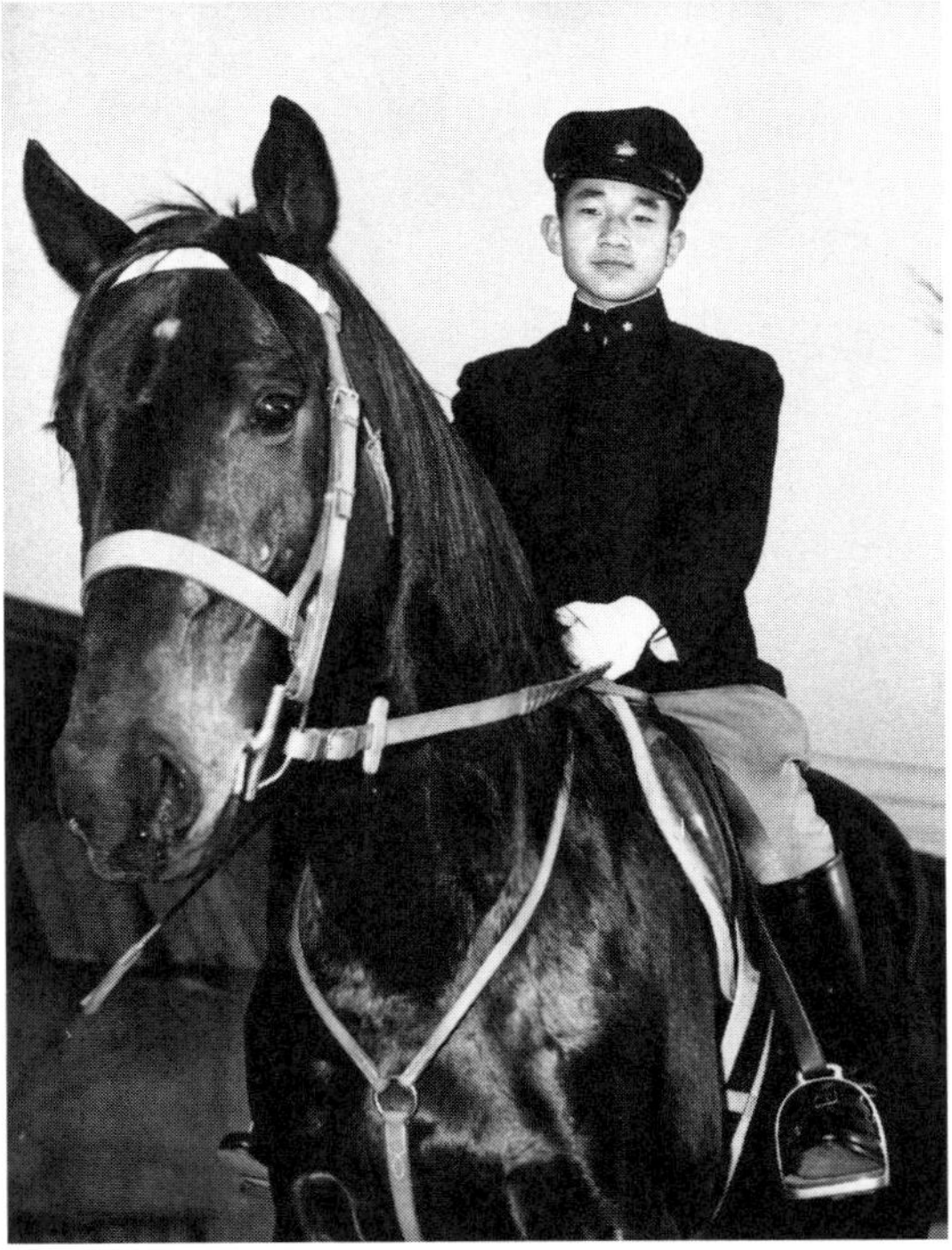

学習院高等科で馬術部に入部

る。毎日新聞の記者が質問したのに対して、皇太子が「ご学友が何か知っていますか」と逆質問し、狼狽して口ごもった当の記者に向かって皇太子はほぼ前記したような趣旨を語ったものである。宮内記者会も交代人事がひんぱんで、現在古株は二、三社にすぎない。若返るたびに世代も交代するわけだが、基本的な認識が欠けると「なぜ皇太子は学友という呼び方にこだわるのだろう」と疑問が残るに違いない。

別段皇太子がケチな根性で友人に学友の名称を付けさせるのを嫌っているわけではない。正確を期する性情とでも理解しておけば足りる。友人の側から申し述べても「ご学友」と呼称されるのはどうも気味が悪いものだ。ヌラヌラとして吹っ切れない、とでも言っておこうか。

二十五年一月二十六日のある記録に学習研究社の記者が学習院高等科で取材した項が載っている。それによると、被取材者の顔触れは関根友彦、井口道生、大久保忠恒、草刈廣、橋本明それに国文の渡辺先生（あだ名「クロトン」）となっている。午後三時三十分から同五時まで円卓で先方持参の菓子折を開き質問に答えたが「およそ殿下については話してしかるべきこと、そうでないことがあり、そういう点でこちらとしても話しにくく、相手方としても突っ込んだ話を聞けないため残念がったり、ややもやした雰囲気だった」と記録されている。

学習院側も度重なる取材攻勢に音を上げ始めた。皇太子のクラス担任であった渡辺は学園の秩序維持も考慮し、橋本に言い含め「窓口の一本化を図る必要もある。学校としては君に代表させたい。面倒だろうが責任をもってやってほしい」とこの役を押しつけた。橋本にとっては不幸な役割だった。出発点としても間違いだらけな決定といえた。一人だけ浮き上がる結果になり、過大な責任感を押しつけられたこの少年は不必要なまでに「国民と皇太子の間のパイプ」という意識を深めたところから、自尊心の強い性格を一層助長させたうえ、将来、橋本と皇太子が平静さを失うまでに亀裂を深めるに至る可能性が培われた点でも無思慮な方向付けといえた。

ヌード写真と皇太子

二十五年二月一日、この日、ヴァイニング夫人が休講したため昼休みから五時限終了時までヒマができた。長瀬、金子、井口、草刈、鳥尾、大久保、真田らと陽だまりに陣取った皇太子は突然「だれの鼻が一番高いだろう」と言い出した。彼は自分の鼻に相当な自信があるようだった。昔日の堂上公卿[◆註2]や大名の子孫たちも鼻筋が通っている。城代家老や足軽、町人の子孫たちは訳もなく恥じらった。不細工な鼻の持主だったたからだ。

皇太子が登場すると、事の当否は別として座談が賑わったのはたしかである。思春期でもあった。同年二月三日二時限の授業風景からうかがってみよう。伊藤教諭の休講でクラスの

◆註2……御所の殿上間に昇殿することを許された公家の総称。資格は世襲だった

大半は試験勉強に精を出していた。皇太子と井口らはエロ雑誌を見つけ出し、むさぼるように読み始めた。ヌード写真に群らがっていた一団が散った後、皇太子が雑誌を独占した。ややや猫背で身をかがめ、興に乗って読みふける彼は、むしろ初心《うぶ》な清楚さを際立たせた。「つまらないものだけど魅力的だね」と殿下は感想を述べた。小説を除いて全部読んだという。その日の昼めし時、生殖における男女の行為という話題になった。いつごろから知るようになるか、とせんさくした後を継いで皇太子はこのように言った。

「ボクは二年の終わりに〝生命の科学〟を見て知ったよ。小説を読むと、わかってくるんだね。いやボクなどはエロ雑誌に恵まれてないものでね、だめなんだよ。ふふふ……。去勢してハチに女性ホルモンの注射をしてやろうか。そういえば野村は少しおかしいね」

ハチというのは橋本の愛称。びっくりして皇太子の顔をまじまじと眺めたものだ。

皇太子が絶大の信頼を置く井口についても、当初は「社会的センスのある者だが、どこか恐ろしい」と評していた。その恐ろしさとは、殿下にとり入って何かするのではないか、という心配だったのである。「井口はそんなことをする悪人でありはしない」と友達が力説してもしばらくは警戒心を持ち続けた。皇太子はこうして自分の判断で友人の輪を広げていったのだった。

外国人の友人だったトニー・オースチンも父親の転勤で日本を去った。トニーの送別会は宮城内の宮内庁二の間で二十五年二月五日行われた。オースチン家全員、ジョン・オブライエン一家、ヴァイニング夫人、野村東宮大夫、小泉信三東宮参与、斯波、橋本と皇太子の顔触れで、三台の自動車に分乗し宮城内を見物後、乗馬を組み合わせてゆっくり遊んだ。二の間に戻って茶会に移り、一時間余を談笑に費したが、この際誓い合った親交持続の約束は果たされていない。その夕、義宮御殿で将棋を楽しんだ皇太子は斯波に向かい「こんなにしていると学校に行くのが憂鬱になるね」と心境を洩らされている。ご自邸における殿下と学校にいる殿下を比べると、かなり趣が違っている事実は争えなかった。

友人たちの観測によると、自邸で接触する皇太子は心優しく、人情味をたたえている。学校ではその片鱗は現われるが、概して殿下を理解することは石を飲み下すよりも難しい。いわば二重性の表出が読み取れる時期は高校生時代から始まったといえそうだ。皇太子における二重性の研究とは、彼の内ヅラを知っている人にしかわからないテーマかもしれない。しかし、公式行事で見せる無表情な皇太子と、くつろいで楽しむときの皇太子とでは、これが同一人物かと疑いたくなるほど極端な差があった。外ヅラの悪さでは天下一品と評しても良かった。

「**まったくいやになってしまう**」

義宮御殿の仮住まいも昭和二十五年二月、打ち切りとなった。ご兄弟が同居された期間は短かく、東宮仮御所は渋谷区常盤松の元東伏見宮邸に定まった。濃いチョコレート色の壁と、赤坂離宮（現迎賓館）から持ち込まれた古めかしい家具が調和し、戦後のこの時期としてはまことに堂々とした構えだった。

宏壮な庭園は低地に切り込み、下部にテニスコートもあった。東宮職管理棟が玄関に向かって右翼に張り出し、東宮大夫室は別してロビー左手に、侍従室は二階表に構えられた。大応接室は二間をぶち抜きで使うこともできた。安川加寿子ら音楽家が演奏する際に使われた部屋である。奥に大食堂、その横に小食堂。南東面はカギ型にポーチをめぐらし、大樹茂る庭を一望している。

東宮御居室は二階東南角。手前に二、三室あり、西南側に回るといくつかの和室がある。内舎人溜り手前に御寝所、横に浴室。ヒノキ造りの風呂が据えられ、化粧部屋東面は大鏡を張った手広さも格好な明るさであった。一階小食堂の続きであったが、玉撞き室が昼なお暗く配置してある。

そのころ、殿下に献上する学習院高等科教職員・学生一同の火災お見舞い品が決まり、教職員、学生代表六人は三月九日常盤松御殿にウエールズの文化史大系と植物図鑑（当時価格四千五百円）を持って参上した。鍋島（英語）、浅沼（数学）、渡辺（国語）の三教員は殿内を拝見して感嘆の声を発した。一国の皇太子に戦後初めて適《ふさわ》しい生活舞台が確保されたという実感が全員を十分満足させたのだった。

折角、豊かで威厳を備えた御所に移ったのに、東宮職は皇太子の寮生活継続を大方針として変えなかった。皇太子にはそれが不満であった。一つには寮生の顔触れに、親しい友人が加わっていなかったからだった。岩倉具忠は「殿下がつくづく気の毒になったよ」と、しみじみ述懐している。岩倉は「こんな生活を続けなきゃならないなんて、まったくいやになってしまう」と打ち明けられて、当惑していたのである。

このころ、皇太子は勝負事が好きだった。暇さえあれば将棋をさした。短気を起こして投了し、後刻「あの局は詰まっていなかった」とむし返したことがある。じゃ、正式にもう一回やろうと挑戦されて「侮辱している」と怒り出し、手のつけようもなく荒れたりした。

テニス、スキー、乗馬……のちに野球開眼

テニスとスキーと乗馬は皇太子にとって、スポーツの〝三種の神器〟であった。野球については排撃者の趣きが強かった。級友のなかに、野球をバカにする一派があり、その影響に毒された結果である。はやりのスポーツに背を向けるポーズをとって、インテリぶった顔をする輩に引きずられた皇太子は後日「大変損をした。野球は大変面白いものだ」と宗旨変えをしている。野球に開眼することによって友人の層も厚くなったが、自力脱出まではかなり内心の格闘を経なければならなかったようである。

◈註3……パリで学び、帰国後の一九四〇年代から活躍したピアニスト

馬について語ろう。皇太子が学習院馬術部に入部されて以来、学習院の馬匹《ばひつ》◆註4と馬場を使った練習のほかに宮内庁管理部厩務班（旧主馬寮）所属の馬と施設が特に開放された。既に沼津、日光疎開時代から場外騎乗を十分こなすほど熟練の腕前がさえる殿下は天性の愛馬心に富み、二十六年十月、馬術部主将の重責に就かれている。二十七年一月には関東高校馬術トーナメントに優勝し、いつも部員の先頭に立った。故人となった小林運治厩務班長は「部員の乗馬練習日割り出しなど殿下ご自身で最も適切にご計画の様子であり、また部員の練習で学友の乗馬困難のもようをご覧になると、次回には進んでその馬を希望せらるるを例とし、無言の範をお示しになるので部員も主将として全幅の信頼を捧げているのがうかがわれる。馬術の根本要素たる剛胆沈着勇壮果敢及び勘について例を挙げれば数限りない」と評した。国際親善馬術大会優勝の場合は、オリンピック候補選手を尻目にかけており、実力（中障害飛越競技、馬場馬術）は当時の同年代層で確実にトップの座にあった。

「あまねく人間の心に通ずる心を養う」道

テニスコーチ、石井小一郎が指導を引き受けたのは二十一年十月である。毎週一回約三時間の予定で出発した。馬術部主将就任時までは学習院の庭球部に属したから、この他に庭球

◆註4……馬のこと

旧主馬寮馬場で、嶺雪号を操る

部員としての練習があったわけで、コート整備やライン引きにも精を出されていた。

石井コーチによると、殿下の練習モットーは「まじめに楽しく、熱心に」であり、王者の、のびのびとした風格を持つテニスを目指したという。最初の二年は全く基礎練習だけに限定し、三年目にマッチプレーに進んだ。いわゆる「人前に出しても恥ずかしくないプレー」はこうしてつちかわれた。石井は小泉信三が慶応大学庭球部部長時代の現役選手だった人物。多少甘いのではないかと言われた石井は「どんなスポーツでも〝好きこそものの上手なれ〟で、好きでこそ上達もし、苦しい鍛練にも耐え、やがて或る深さに達するとともに自ずとフェアプレーの精神なり、スポーツマンシップを体得するものだ」と主張し、長いご生涯のよき伴侶としてテニスを楽しまれることに眼目を置いたとしている。

スキー行も回を重ねていた。二度目の志賀高原熊の湯行は二十五年三月十九日—二十六日。次いで鹿沢温泉、蔵王、尾瀬と足を伸ばしたが、少ない日数をやり繰りしたコーチ猪谷六合雄の苦労は並大抵ではなかった。「日数が少ないからといったり、また面白さに釣り込まれたりして、つい最初から頑張りすぎてしまうと、オーバーワークになって三日目位から段々に疲れが出て、却って進歩しなくなってしまうものである。しかも、そのうえお弁当持ちで山へも登ってみようなどということになると、プランは一層混乱してきて支離滅裂なものになる。こんな立場に立ってなお、頭を悩まさずに済ませる人があったらよほど偉い人だと思う」と苦衷を語った。そして、吹雪の海抜二千メートルを超える山頂から強引に殿下一行を滑降させるたびに「いよいよ安全なところまで降り切ってしまうと、私はいつもほっとして急にうれしくなるのだが、それは全く殿下のスキーに対する滑走感覚の良さと幸運によるものだと思う」と述懐している。

このように、皇太子は三つのスポーツを持ちまえの運動神経と「のみ込みの早さ」でこなし、従来マスターされた水泳や卓球を加え、その後の社交や日常生活、お子さまの教育といった面で大いに役立てることになる。

安倍能成の誕生日は皇太子と同じく十二月二十三日だった。半世紀の差を置くこの哲人は当時、次のように心境を述べている。

「殿下のご位置の特殊性が国民生活との関連における公共性に基づくが如く殿下が特殊なご境遇に処してゆかれるためには、あまねく人間の心に通ずる心をお養いになることが必要なのである。ここに殿下のご生活のむつかしさもご教育のむつかしさもあるのである」

安倍は殿下の負担に気づいていた。

友人がまとめた「皇太子の悩みに関する十一項」

生まれながらにして貴族の特性を備えた明仁親王は、人情深く、優雅な物腰を崩さず、知性に彩られていた。しかし他方で、妥協を許さない悲劇的性格は、友とはいえ、自己の膝下に組み敷く気概が濃厚だった。その激越な性格は絶対君主制の下に生まれた場合、真価を発揮したかもしれない。たしかに若き日の皇太子にはそういう一面があったのである。

彼は生涯の大半を自分の角を矯《た》める努力に費やさなければならなかった人物である。抑え難い覇気と闘った明仁親王は、高校生のころ、最も青年らしく、悩み方も近視眼的だった。友人がこうした様子を観察し、当時「殿下の悩み」として十一項にまとめている。それは次のような内容を持つ。
①監禁されていること。即ち、自由に解放されないこと②独り暮らしで、肉親または同地位の者と居を同じくしないこと③見物的な気分で見られること④ジャーナリストにウソを書かれること⑤世間体をいつも考えなければならないこと⑥婦人に接する機会が僅少なこと⑦理想を持てないこと⑧皇嗣の必然として、自分の姉妹のように将来における自由の保証がなく、かえって束縛されることの多くなること⑨過大視されること⑩生活が単調になるに伴って、自分の生活が自分にとってつらくなること⑪友または外部の者との交友関係に関すること。
ドジョウとあだ名された英語の先生がいる。学習院でも大変偉い人で、高等科長だった。中等科のころからずっと、特に英語を学ぼうという学生たちが放課後を利用して特別授業を受ける習慣があった。高等科に進学後は鍋島科長が面倒をみるようになり、二十五年四月の一学期には土曜午後をそれに当てていた。学生の一人が皇太子だったから念入りであった。

この学期から、皇太子はフランス語を選択した。当初三十人ぐらいを数えた生徒数はいつしか減って、七人ほどに固定しただろうか、殿下は仏語に熱中し、ついには英語嫌いがはっきりしてきた。鍋島先生の授業に出席すると、折角寮から解放された土曜日の午後が十分楽しめないと理由をつけ、だだをこねた。いま英語を止めれば仏英語とも中途半端に終わる恐れがあった。仲間の学生はさらに、殿下が放り出した後、科長が特別授業を続けてくれるかどうか自信が持てず、二重に困り抜いた。井口、関根、岩倉、吉岡、須田、大久保、橋本、立木の八人は五月六日の土曜、皇太子の不参加声明に押し切られ、殿下欠席のまま授業に出た。鍋島先生の正規の英語授業で訳文をやらされた皇太子はまるでだめだった。いったん嫌い出すと、とことん身が入らなくなる。

英語をうっちゃって殿下は『医学のあゆみ』という雑誌をむさぼり、オオカミに育てられた女児の成長記録にうつつを抜かした。級友の大久保に毛生え薬を飲ませた真犯人もどうやら殿下らしい。東京港から東海汽船の橘丸で三浦半島先の城ケ島に出掛けたとき、往復の船中ではブリッジにしか眼がなかった。このころ、殿下は理想主義を好まない、現実主義と快楽主義に徹して現実に即応する、そんな青年であった。

この年、伊藤整訳『チャタレイ夫人の恋人』が刊行され、間もなく発禁処分になった。出版元の息子が級友の一人であったことから、完訳本を入手したグループが回し読みをした。皇太子は七月一日に借り受け、三日に返している。持っていること自体が危険と思われたからである。当分の間、問題は起こらなかった。明仁親王は恒例となった避暑送りのため軽井沢プリンスホテルに行かれ、八月八日から十八日まで千家崇彦と橋本を招待され、九日から十三日にかけ信州・乗鞍山登山行を実施した。

軽井沢のプリンスホテルは元朝香宮《あさかのみや》の別邸であり中軽井沢駅を北上し、星野温泉に向かって左手の丘にある。白樺と落葉松に囲まれた美しいホテルで、夏は東宮職で借り切り、東宮ご一家の避暑地にあてられる。近くには山本忠夫や織田正雄ら級友の別荘もあって気楽に訪問できる。

この夏の山行は軽井沢―塩尻峠―松本市本郷村―上高地（帝国ホテルで一泊）―中の湯―安房峠―平湯―乗鞍岳（肩の小屋に一泊、大黒岳、魔利支天、コロナ観測所、剣ヶ峰、権現池）―位ヶ原―冷泉小屋―白骨温泉（新宅旅館で一泊）―軽井沢のコースで行われ、白骨では付近の令嬢らが総出で女中役を買って出た。

自動車に乗れば暴走族顔負け

当時、軽井沢にはしばしば馬を集め、南軽の平原にある旧飛行場跡や北方の血の滝へと野外騎乗を楽しんだものである。名馬白錦、さくあらし、太郎、みすじ……を交互に乗り替え、山野を駈けた。車に乗れば乗るで皇太子はむやみとぶっ飛ばした。暴走族顔負けなほど元気が良く、またヴァイニング夫人の別荘へ押しかけたりしたのだった。ホテル裏側のテニスコートは東宮職に奉職する人や初心者が専ら使い、若い皇太子は町のコートに出掛けて白球を追った。高原の冷気をいっぱいに吸い込んだ食堂では「肉の花形の小揚」といったしゃれたフランス料理が食卓を賑わせた。フランス語の前田氏や英語のヴァイニング夫人の進講は休暇中といえども欠かさず続いた。来日以後、ヴァ夫人は一時かなり太ったが、そのころは元のようにほっそりとした体軀で、体や心の奥底には何か冷たいものがあると、他人に感じさせていた。「それは多分、子供さんがいないためだろう」と皇太子は友達との雑談の折に話した。

英語よりも仏語に興味を抱いた皇太子だったと記したが、試験成績がそれに伴っていたわけではない。十人から九人の受講生中、大抵六位から七位付近をうろついていた。田島譲治教授が大いに悲観したこともある。最高で七十余点、最低十六点、平均四十五点というみっともない成績を出したときだった。それでも辰野隆《ゆたか》、鈴木力衛《りきえ》ら大家の指導よろしきを得て、高等科三年生になると学習院大学仏文科の試験に他流試合を許され、皇太子がトップに躍り出たこともある。大学生の最優秀学生が高校生の五位程度だったから、実力は相当なものだったろう。

二十五年九月末、ヴァイニング夫人が近く帰国されるというニュースが学生の間を駈け抜けた。同月三十日、宮中覆馬場で天覧御前馬術大会が催され、ヴァ夫人は皇后陛下、各内親王殿下の横で観覧した。その表情に、どことなくかげりがにじみ、小泉信三博士が深く労《いた》わる様子であった。天覧馬術は義宮殿下と学友の部班馬術、東宮殿下と学友の部班馬術、東宮及び東園傅育官の独乗、小障碍、中障碍飛越、琴平競技、[註5]主馬寮技官による供覧馬術、打毬（紅白二組の騎馬組が入り乱れて紅白の毬を毬杖ですくい、自分の組の毬門に投げ込む王朝時代からの遊戯）といった内容。

細かいことだが、東宮殿下が学習院高等科の馬術部総務委員長に就任したのは十月七日であった。当時の学生組織をみると、高等科代議会議長橋本明、同総務委員長柳谷謙一郎、委員明石元紹（会計）、同八木朝男（庶務）、同千家崇彦（運動）など、皆二年生でポストを占めた。

「日本で一番きれいな人を嫁にするんだ」

二十五年秋の学習院文化祭に馬術部デモンストレーションが組み込まれることになった。主将皇太子は部委員長の立場から、供覧馬術に学習院女子部の参加も求める方針を決め、十月十七日に出場者名簿を決めた。それによると、馬場馬術、障碍飛越、琴平の三種目で馬場馬術に女子部から伏見章子、鈴木某が参加する。伏見嬢は元伏見宮の王女で、当時同年輩の女子では随一の美女ともてはやされていた。

すらりと背が高く、色あくまで白く、かぐわしくて高貴な女性であった。性来無口で控えめなところが、冷静さを強く印象づけるようすがとなり、それでいて一度知り合えば、人柄の温さと美々しさに酔うような気分をかもし出させるのだった。兄博明氏ともども乗馬には巧みで、皇太子が思い切った男女組合わせチームを編成した理由もよくわかる気がした。皇太子はそのころ「私は日本で一番きれいな人を嫁にするんだ」と仲間に話したことがある。伏見章子はその一人かも知れなかった。母朝子《ときこ》は後に常磐会会長になり、章子自身は皇太子の学友草刈廣の夫人となるのだが、当時、週刊誌はクラス会で遊び、手を取り合った章子と殿下の写真を掲載するなど二人のロマンスをあてにして書き立てたものだ。

主将が女子を加える、と言い出したとき、実は大モメにモメた。それでも主将の意見が通ったのである。ところが十月三十一日、馬術部デモンストレーションに女子部学生を参加させることまかりならぬと学校側から通達があって、再び馬術部は大いにもめた。

女子部の古賀高等科長が禁止令を出したのだった。「主将は直ちに女子部まで出掛けてかけ合って来い」と突き上げられ、皇太子は試練に立たされた。彼の立場はみじめだった。あわれを極めた。「もともと女にかかわるのは、よしたほうがよかったんだ」「言い出しっぺなんだから初志を貫け」などと部員から言われたが、ついに十一月二日、皇太子は伏見、鈴木両嬢の参加を断念した。

前日の四日夜、新たにもとめられたビクターの電蓄でベートーベンの第六交響曲に聴き入

◆註5………あらかじめ用意した枠の周りを、音楽に合わせて乗馬しながら、曲が止まるといち早く枠内に馬を誘導する競技。乗馬版いす取りゲームのようなもの

った皇太子は文化祭二日目の五日、男子学生を率いて供覧馬術の先頭に立った。部班馬術、障碍乱れ飛び、琴平競技とプログラムを進め、大観衆もわいたが、皇太子の気分はそれほど勝れていたわけではない。琴平では昇玉をかって四回戦まで進みながら、秀蘭に騎乗した橋本に優勝を奪われ、二位に甘んじなければならなかった。ヴァイニング夫人から勝者に白バラが、二位に赤バラが贈られたとき、見物席にまじって伏見章子が遠くから視線を送っていた。

四年間の滞日を了えて、ヴァイニング夫人が帰国する。離日予定日は十一月二十八日。教諭、学生、父兄三者で先生送別会の打ち合わせを開いたのは十一月十日だった。記念品に一万百円を充当し、茶菓子の費用は父兄が負担する、学生は当日の催しに専念するなどと役割を決めたが、全部英語で通すため企画の上でも難しいところが出て来そうだった。

皇太子は『ベニスの商人』を朗読する組に回った。アントニオ（殿下）、バッサニオ（大久保）、シャイロック（安田）、パーシャ（織田）という分担で、主会場に当てる講堂壇上で演じる。このほか挨拶も引き受ける。

さて送別会は十一月二十三日午後零時四十五分、車で到着したヴァ夫人を迎えて始まった。東京・目白の学習院内天覧台付近はイチョウの枯れ葉で埋まり秋の日差しは小春日和、抜けるような青空が広がった。高等科二年生約八十人は渡辺教諭（高等科・国文）、宮本教諭（中等科・英文）を交じえ、ヴァ夫人を囲み記念撮影した。A、B、C三組に分かれてそれぞれの記念撮影も重ねた。皇太子のクラス（二年A組）は二十九人が夫人とともにカメラに収まった。一人欠席しただけである。

父兄の協力で、これに先立つ正午ごろまでに主会場の用意は万端整っていた。

開会のスピーチは才子草刈がみごとな英語でやってのけた。黒のツーピースに純白のブラウス、ひっつめ髪にしたヴァ夫人は「四つのことにお礼を述べます」と前置きして最後の挨拶を始めた。四つの礼とは①草刈の言葉への感謝②記念品の礼（あらかじめ渡してあった）③勤労感謝の日をつぶして送別会を開いてくれたことへの感謝④学生一人ひとりの気持ちに対する礼――であり、満四年間の想い出に触れながら「皇太子殿下は偉大な人物になられるでしょう。もちろんあなた方も新日本のリーダーになることを信じています」と締めくくった。

二階堂のピアノ伴奏で橋本が「荒城の月」と「ホーム・スイート・ホーム」を独唱、矢村、入江、吉岡、岩倉、関根が詩を朗読し、堀田、柳谷、宇津木、八木がスピーチに立った。それぞれのクラスがなにがしかの出しものをこなし、皇太子組の『ベニスの商人』もうまくいった。フリータイムのとき、夫人はサイン攻めに遭った。ある学生には「勇敢、賢明、親切たれ」と書き残した。

皇太子は朗読に出演したと称してスピーチを取り止め、閉会の辞は橋本が担当した。最後に全員が輪を作った。一人ひとりが両手を胸前でクロスして両わきの仲間と結び合った。円になった手が上下に揺れ、「蛍の光」の大合唱がわき起こった。

陛下の一言でヴァ夫人の原稿、削除を免がる

夫人はそれなりに苦労を重ねたように思える。任期を了えて帰米の途に就くときの心境は「再び本が書ける」という感情であり、著作活動への復帰が強い願望だったという。夫人と官僚機構との闘争も目立たないところで熾烈化していたもようである。例えば二十三年夏、夫人は朝日新聞に寄稿したが、その前に原稿を侍従に示した。文中に「(陛下の)書斎にあるリンカーンとダーウィンとナポレオンの胸像に注意を引かれた」という個所があり、侍従はナポレオンだけ除いてほしいと要求した。ナポレオンは独裁者だからまずいという理由だった。夫人は抵抗した。

私が実際にこの眼で見たのは三人の胸像なのだ。このうち一人を外し二人を残すようなことはできないし、その理由もわからない。外すなら三人とも外しましょう……。

侍従は仕方なく、陛下のご判断を仰いだ。じっと一読された陛下は一言「もったいない」と言われたそうである。このナポレオン像は陛下が皇太子時代に訪欧された際、お小遣いを使って手ずから購入された想い出多い記念品だった。こうして彼女の一文は削除も変更も加えられず、日米両国語で掲載された。

夫人はまた「侍従や他の宮内官僚は、天皇ご一家が一緒に住まわれるべきであるという私

の意見にことごとく抵抗してきた」と書いている。四年間の異国における奉仕は長すぎたかもしれない。もう帰る時期である――そんな判断が夫人の胸に大きく育っていたのであろう。年老いた夫人の姉バイオレットさんも米国に戻りたいとの希望を強く表明していたのだった。夫人はこの年、日本を離れた。

御所で学友と試験勉強

「勉強が終わったら家に来てくれ」――皇太子が学友を招くときは、こんな調子であった。「△△日、食事をしに来ないか」ともおっしゃった。

二十五年最終月、十二月後半に親王が立てた行動計画は、対早稲田戦（二十二日）、お誕生日招待（二十三日）、鴨猟（二十六日）、ジョン・オブライエン家訪問（同日）、葉山御用邸付属邸招待（二十七日）と決まった。また同シーズンのスキー行は鹿沢温泉（二十六年一月三日―七日）に決定した。

一般の土曜日、勉強につき合ってくれと頼まれて常盤松御所に伺った某学友は、午後二時半から親王の書斎にこもり、漢文、国語、英語、化学などを勉強した。夕食をはさんで夜十一時半まで学期末試験に備えて励んだが、ヤマが外れると、結果は惨憺たるものになる。クッチャミとあだ名された小高教諭は特にイヤラシイ出題をするためマークしなければならなかった。そのへんの呼吸を親友と相談したり詰めたりする。折角暗記した単語は一語も出て来ないので、英語の出題を見たとき、その学友は親王と目を合わせて絶望感に打ちのめされるのだった。化学などは当て外れが甚《はなは》だしかった。そうなると基礎点数(五十点)を確保するのに全智全能をふり絞らなければならない。

十二月二十三日のご誕辰当日には千家崇彦、大久保忠恒、草刈廣、真田尚裕、斯波正誼、渋沢裕、長瀬博昭、井口道生、瀬戸秀雄、橋本明十人が祝品にシャンソン集を選んで御所に伺った。彼等の記憶は既に定かでないが、大食堂での会食、書斎における談論などで時を過ごし、二人ほど泊り込んだという。

宮内庁鴨場(越谷と新浜の二ヵ所)を舞台にした鴨猟は近年、外交使節や閣僚を対象に行われている。猟期は十一月一日から三月十五日までとされる宮中年中行事の一つである。鳥獣保護の精神に富んだみやびな遊びであって、ズドンと一発撃ち込むという無粋な猟ではない。

森に囲まれた池から幾条もの引き水を作り、土堤の蔭に身を潜め、引き水端の木製扉ののぞき窓に位置した専門夫が足のフイゴ操作によってエサを水路に放つ。土堤の両側には各三、四人ほどのハンターが網を付けた道具を持って身構えている。それに連れられて真鴨がモがエサを見つけて引き水路に入ってくる。それに連れられて真鴨が誘い込まれるのだ。鴨は驚くと斜め上に飛翔する習性があるところから頃合を見計らって専門夫がオドシの声を上げ、ハンターに合図する。ハンターはいままでシンと身を潜めていた場所から立ち上がり、土堤に半足をかけて引堀上に平網を振ってかすめ取るわけだ。

この年は確か、新浜猟場に出掛けたはずである。静から動への急激な展開が面白い。また、引堀に入り込む鴨の動きを聴き分けるという楽しさも加味される。上手な人だと、網に二、三羽引っ掛けることもある。下手な人はいたずらに平網を振って叱られるのがオチである。網に掛かった鴨は識別標などを付けて放し、野生鴨の研究に役立てている。

昭和二十六年は一月の鹿沢温泉スキー行(三峰ツアー)、三月の蔵王スキー行(地蔵―馬の背ツアー)を経て、その四月、皇太子は高等科三年に進学された。蔵王では地元から高岡、大沼、鈴木の三女性が接待役として色を添え、蔵王山の家での生活は一段と楽しいものだった。

同年五月から九月まで清明寮に滞寮する寮生も第六期を数え、一―三年生二十一人には山本五十六元帥二男山本忠夫、維新岩倉具視の末孫具忠、俊才小田格郎、それまで入寮を拒んで来た橋本明らが皇太子を支えた。

修学旅行先は東北地方だった。金華山、東北大学、平泉中尊寺、花巻温泉を巡回した。同年十二月二十四日、クリスマスイブの夜、学友十五人が東宮御所に集まった。山座建太郎、堀田正祥(徳川義宣)、入江為年、松尾文夫、金子の五人が新顔であった。この夜、皇太子は山座を相手に社交ダンスに興じた。

十二月二十九日、葉山御用邸に義宮を加え、皇太子、岩倉、千家らが集まっている。このころ、葉山の付属邸はひんぱんに使われた。『太陽の季節』の作家石原慎太郎、裕次郎兄弟は逗子にいた。鎌倉に住む橋本がヨットを自走させて御用邸近海に来たとき、皇太子がカヌーを漕いでいたところに行き合わせたこともある。

発禁書を皇太子に読ませたむくい

時期的な記憶は不確かだが、某夜橋本が付属邸でお相手を務めていた際、彼の父である最高検検事橋本乾三から電話が入った。清水侍従が応対した。清水侍従は居間に来て「お父上が緊急の用があると言って来られたが、時間も遅いことなので明朝七時には家に戻るようにとの伝言です」と告げた。

橋本は一日か二日も常盤松に泊り、その足で葉山に来ていた。家をあけていたのである。極めて悪い予感が働いた。叱責を受けるとすると……と指折り数えて深刻に考えた。一つの可能性にぶつかった。問題はそれしかなさそうであった。『チャタレイ夫人の恋人』の回し読みがその一件である。

最高検は同書を発禁処分とし、訳者伊藤整と出版元小山書店社長に対するいわゆるチャタレイ裁判が始まろうとしていた。

厳格な父であった。陛下と同年の世代に属し、一高、東大法学部を卒業して司法界に身を投じ、検察内部では正義派と評された。翌朝、自宅に息子を迎えた最高検検事は、しかし、一夜の興奮から覚めてむしろ沈み込んでいた。家に無断で泊り歩いた点から難詰したうえ、最高裁の会合で穂積重遠氏[註6]より、日頃の東宮様に対する子息の献身ぶりを賞され面目を施した直後、隣席の仁井田裁判官から「あんなふうに言われたが君の息子は悪い奴だぞ。チャタレイを殿下に読ませたという話だ」と耳打ちされた時の激しい衝撃を語った。彼は発禁とした当事者だったのである。

八つざきにしてやろうと思って帰宅したがお前はいない。もしかしたら東宮様のところに……という母さんの話からお前の居場所を突き止めた。お前は大体、東宮様に狎《な》れ親しみすぎている。これは決して良いこととはいえない。かくかくしかじかの理由で社会に害毒を流すと信じればこそ発禁書としたのに、それをひそかに回し読みし、あまつさえ東宮様にまでお渡ししてしまったのがお前だ。私はどのように責任をとり、お詫びしたらよいのか……。

検事は四時間にわたって理非を説いた。

息子は親王から、必ず戻って何があったのか知らせて欲しい、と言われて付属邸を出ていた。父親にその旨を述べ、父上の意のあるところを殿下にもお伝えしたいから、もう一度葉山に出向かせてほしい、と懇請した。父は許した。

長時間にわたり戻ってこなかったため親王の心配もまた極度に昂じていた。訳をじっくり

◆註6……東宮大夫、東宮侍従長を務めていた穂積は、昭和二十四年に最高裁判事に転出

と話した。聞き終えて、東宮はなぜか、目をきらめかせてこう言われた。

「父子とは、そういうものなのか……」と。

このような反応を、橋本はまったく予想していなかったのである。

第四章　「立太子礼」を経て

弟宮の優しさがカンシャクの種に

朝鮮戦争勃発（六月二十五日）、『チャタレイ夫人の恋人』わいせつ文書で押収（六月二十六日）、金閣寺全焼（七月二日）、警察予備隊令公布（八月十日）、プロ野球初の日本選手権試合（十一月二十二日）と昭和二十五年は暮れた。

翌二十六年は初めて紅白歌合戦（一月三日）の放送、国連軍最高司令官マッカーサー元帥がトルーマン米大統領から解任された。「日本人はまだ十二歳の少年」と米上院で証言したマ元帥は「老兵は消えゆくのみ」の言葉を残し公的舞台を去った。五月三日にはメーデーに使用禁止令が出た皇居前広場に総評傘下五千人がデモをし、三十七人が検挙された。そして五月十七日午後四時十分、皇太后崩御。

「今一度あひたしと思う祖母宮に　馬の試合の話をもせず」

愕然として大宮御所にかけつけられた皇太子の悲しみの歌である。貞明皇太后の葬場（豊島岡）で六月二十二日粛々と大喪礼が行われた日、学習院学生は沿道に並列して宮の痛みを分かちあった。

　皇太子の悲しみは深かった。この年の春には蔵王スキー行を満喫していただけに、皇太后突然の急変は不意打ちの感があまりに強かったのであろう。

　そのころ、常盤松御所二階の居間東端翼に置かれた皇太子の机面は微細な穴で覆い尽くされていた。羽虫が飛び込んで来る。それを三角錐の一端や千枚通しで刺し殺した跡であった。無聊《ぶりょう》であり孤独な青年の姿がそこに映し出されてはいなかったか。

　弟義宮は週に一度、常盤松に泊りに来た。義宮はお立場上、兄宮に比べればはるかに自由度が高い。街の書店で本を購入した模様などを話されると、兄宮の心底は決して穏やかではなかった。義宮はまた、村井長正侍従から強烈な影響を受けて育ちつつあり、氏のクリスチャンとしての人生観に深く共鳴するところがあった。幼時、小児マヒ性の辛苦をなめた義宮だが、それだけにキリスト教世界への開眼も早かったといえた。義宮がキリストの話を持ち出すと、兄宮はうるさがった。批判も加えた。皇室の常識とは神道世界のそれである。仮に義宮がキリスト者の道を歩むならば、皇室を取り巻く環境ほど異端的世界はまたとあるまい。そのとき信条を貫けるかどうか、兄宮はその点にだけ興味があったのに過ぎない。弟宮はキリスト的世界観に理解度を深める過程が楽しかったし、それを口にしたかったのだと思われる。聞いて欲しかったのであろう。兄宮は弟宮を突っぱねた。

昭和27年、軽井沢で弟・義宮（現常陸宮）と

学友と団欒の席に弟宮が入り込もうとすると「うるさい、あっちへ行け」と冷ややかに浴びせる夜すらあった。何かが兄宮をいら立たせるのだった。冷酷にふるまう方が問題を生じないですむ――。そんなふうに解釈が可能な兄宮の態度だった。義宮が生来持っている優しさと甘え、もの静かさ、兄への愛情が、時として兄宮には耐え難く、カンシャクの種になる、といったふうであった。頼朝と義経の関係を連想する者も出た。

黒澤明監督の映画「羅生門」が九月、ベネチア国際映画祭でグランプリをとった。東京地裁で五月から始まったチャタレイ裁判公判廷に訳者伊藤整、発行元の小山久二郎氏が出廷を続けていた。夏には日本航空が設立され、鳩山一郎ら各界一万余人追放解除が発表された。九月八日、対日講和条約、日米安全保障条約が調印された。十月ルース台風が死者・行方不明九百四十三人の災害をもたらしたとはいえ、戦後日本の骨格がほぼ格好をつけたころのことである。

皇太子の出場を学生主任に頼まれる

学生生活は皇太子が在学していただけに、特殊な場面を持ち込むという要素を切り離せない。高等科在学中に学習院対教育大附属高校が各部対抗から学校対抗戦に切り換え、大優勝杯を争うよう組織変えした第一回大会が行われる直前、特異な問題が発生したことがある。皇太子が馬術部委員長でありながら病気になって出場権を失い、そして大会前に回復するという事態に立ち至ったときである。主将は毎朝七時、馬場に現われ、出場選手特訓の先頭に立っていた。

浅沼早苗学生主任は某日、橋本を教員室へ呼び出した。「ここでは話しにくいから外へ出るか」と乃木館脇に誘った。「実は先生自身困ってしまってね。君ならなんとかやってくれるのではないかと思って頼むのだが、内密にやって欲しいんだよ」と口を切る。「はあ、なんでもやりますよ」「そう言ってくれると嬉しい。ところで近ごろ殿下はどうされている」「病気が治られてから、毎朝馬場に来られてわれわれの指導に当たっていらっしゃるんです。殿下は病気だったから出場できない。選手陣容は決まっている。従って殿下は督戦隊長といったところです。自分が出られないのだからせめて指導だけはという覚悟らしいです」

「そうか」と浅沼主任は考え深そうに話を継いだ。

「殿下が現在でも病気中であればかえってよかったんだがね。実は東宮職のほうから是非殿下が出場できるようにして欲しいと申し入れがあったんだが。しかし、問題は殿下のご気性のことだ。いまさら正選手を交替させるわけにもいくまいし、殿下のことだからそれはいさぎよしとはされないだろう。こちらが策動したということを絶対に気取られないようにして自然に殿下が出場される道を作らなければならない。難かしかろうが、君、なんとかして欲しいのだ」

「――――」

「一切を君にまかせる。頼まれてくれるだろうね」

「わかりました。先生。なんとかやってみます」

その日、橋本は浮かぬ顔ですごした。附属戦まであと五日。正選手にランクされていた彼はこの朝も馬場で殿下にしごかれてきたばかりだった。「種田たち下級生に追い抜かれたらはずかしいじゃないか。しっかりやるんだ」と怒鳴った皇太子の厳しい表情を思うと、浅沼主任から秘密工作を依頼された立場が恨めしくてならない。なんとか勝たせなければ――と皇太子は闘志と気概に満ちていた。選手のだれもが一所懸命であった。とうてい、はずせるような選手はいない。だれかが急病にでもならない限り、皇太子に出場の機会が巡ってくるチャンスはまずない。

翌朝六時半ごろ、厩舎で馬の鼻先を抱き締めたり、首を撫でる学生の姿があった。橋本である。彼は沈みきっていた。いかにも元気がなさそうであった。三十分ほど馬と過ごしている間に、彼は何度もハンカチを出したり、引っこめたりした。七時になって、橋本は馬術部長の部屋にあがった。一気に言った。「二村部長。本間さんもおいででしたか。よい機会です。実は体の調子がとても悪くなりまして練習を休ませて頂こうとお願いにあがった次第です。附属戦が迫っていて心苦しいのですが、きょうはとてもダメです」

雷が落ちるかと恐る恐る眼を開けたが本間の言葉は優しかった。「本当に顔色が悪いな。まっさおだ。いいよ。休みたまえ、そして早く良くなりたまえ」

二十年後の「和解」

橋本は逃げるように馬術部部室を走り去った。坂道を樹林に沿って振り返ると、木の間越しに馬場の砂地が目にしみる。「もう馬術部ともお別れだろう」、つぶやいて午前八時半までの時間潰しをどうしたものかと考えた。十分ほど前から校舎内は登校して来た学生でごった返す。人波にまぎれ込んだ。先刻から教室と廊下の間を絶え間なく往復している学生がいた。明らかに彼は興奮を抑えかねている気配だった。不機嫌をあらわにし、友人が掛ける挨拶にもロクに返事をしない。橋本の姿を認めると、彼はつかつかと歩み寄り、エリ首に手を掛けた。

「おい、なぜ練習をサボったんだ。どうして来なかったんだ。無責任じゃないか」

皇太子はついぞ示したこともない激しい権幕で橋本をにらみつけた。二村部長の無言と本間先輩の優しさがふと脳裏をかすめる。多分、浅沼主任から話が通じてあったのだろう。だから朝の練習に集まった仲間に対して沈黙を守ったのに違いあるまい。

「練習なんて、もういやになったんだ。バカバカしい。オレはやだよ」

ふてくされて橋本は皇太子の横をすり抜けようとした。

「なんだって。みんなが仕様のない奴だと怒っているんだぞ。下級生に示しがつかないだけではない。同級生からも上級生からも見離されてしまうじゃないか。みんなが一丸となっているこの大事なときにその態度はなんだ」

「いやになったと言ってるんだ。附属戦がなんだ。朝は早い。疲れる。勉強もまともにできない。オレは止めたる。おりたんだ」

「駄目だ。明日はちゃんと出て来い」

「出るものか……」

翌朝も、翌々日も橋本は練習場に背を向けた。皇太子に向かっては迫真の演技を続けた。他の馬術部員に対しても完璧な演技を示した。皇太子が橋本の人間性に根本的な疑いを差し挟んだのはこのときだったと思われる。日が経つにつれて、皇太子は意識的に橋本を避け始め、彼を批判するグループに身を投じていった。

附属戦は二日間とも晴天に恵まれた。大会運営役員として橋本は多忙をきわめ、運営や組織面に気を配った。それでも、馬術試合が始まるころには抜け出して裏山に行き、応援団席上方の木陰に身を潜めた。自分でも異常な決意を固めて、この晴れの日のために、研鑽《けんさん》を積んで来た彼であった。祖父三好一騎兵中将から贈られた将軍用の金の拍車を入念に手入れし、試合に備えてきた自分。人目をはばかっていま仲間の活躍に胸底から燃え上がってくる声援も抑え、視線だけで追っている立場に、橋本はいい知れぬ孤独を噛みしめた。

木の幹に寄りすがって立つ彼のこぶしは次第に汗ばんできた。競技は伯仲して予断を許さず、互角の勝負が進行する。「たまらばのちは海ともならん　消え易き露だに　ああわが友

もろともに　扶《たす》けつつ進まば……」応援歌の高まりが馬場全体を揺るがせた。主将皇太子の入場だった。位置に就く。出走した。第一障碍通過、第二障碍通過……。巧みな手綱さばきと誘導。拒止もなく、落木もなく無欠点でゴールインしたとき、学習院の勝利が決まった。やった、優勝した。橋本の目から涙がボトボトと落ちこぼれた。そして寂しい笑顔が浮かんだ。

橋本は以来口を割っていない。浅沼主任も沈黙を守り通し、このエピソードの真実は闇に葬られてきた。

ただし後日譚がある。二十年近くの星霜を経た或る日、現在の東宮御所内廷応接室で何かの折、彼は直接、皇太子に話したのである。「殿下を出場させるという話に一役買ったことがありましてねえ。あのときはとんだ暴言を吐いて失礼しました」——と。皇太子はまじまじと橋本を見詰め、しばらくのときを置いてこう言った。

「どうして早く話してくれなかったんだ」

人は、おろかなまでの自己犠牲ではないか、と疑問を抱くかもしれない。事実、教師も、その背後の東宮職も、一学生の〝その役〟には何の配慮も与えはしなかった。闇から闇に葬られ、そして工作は成功した。しかし、これほど深い亀裂を二人の青年の深層に生じた出来事は類例をみない。一種の悲劇であった。一方は真実に触れようとせず、他方は真実を見抜けないまま高校生活を終えようとしていた。

「こういう家に住んでみたい」

二十七年の正月、天皇ご一家は服喪のため、ひっそりと過ごされた。葉山御用邸ご滞在中の皇太子がお忍びで鎌倉材木座に住む橋本の家を訪ねたのは松の内の五日であった。千家崇彦が御所から同行し、橋本の家族五人のほかに渡辺節子、広瀬涌子、佐々木英子、森敏子、林勢津子が鎌倉側の顔触れだった。渡辺と広瀬はともに十八歳。ふだんから親しくしている近所の女性たちであった。世間一般の中流家庭がすごす正月を味わっていただけたら……という趣旨で、親王はありのままの家庭生活を見聞された。キジ酒以外に知ることのなかった屠蘇《とそ》を飲み雑煮を初めて食べたのはいいとして、この家のソファと称する家具は大きなトランクに毛布を掛けたシロモノだった。各部屋をのぞかれた皇太子は「私の家は七百坪ぐらいありますかね、広すぎる。三十二坪とはいいなあ。非常に住みよくできている。私もこういう家に住んでみたい」。東宮は橋本乾三、千代夫妻にこんな感想を述べた。

料理といっても、ダルマという薪ストーブを利用してサラダオイルにまぶしたロード・アイランド・レッド種のニワトリの肉片を焼き、塩・胡椒で味つけする野蛮なもの。したたる脂をズボンに落として「あっ」と声をあげた東宮に対して、節子が無言のまま、たもとからハンカチーフを取り出してふいた。

音楽好きの一家だった。家の主人は〝あいの土山〟という妙な歌を歌った。「股の下から峠を見ればあいの土山雨が降る。テケレッツのピーヒャララ」には東宮も吹き出した。

男女に別れて百人一首もやった。佐分利侍医が読み手に回った。「恋すてふ」で東宮が先取点をあげた。女性軍の主力は節子だった。たもとから繰り出す白い手が右、左と獲物を仕留めてリードを奪った。左手に体重を預け、右手を顎に構えた東宮もやがて劣勢を立て直したが、接戦の末、女性軍が勝った。一方、この日の顔触れは混声合唱が根から好きな連中だった。戸田侍従と東宮は聴き手に回ったが残り全員は数曲、合唱を楽しんだ。「蛍の光」を最後に皇太子が玄関に出られたときだった。橋本千代の目に、出し忘れた鳩サブレーの山がとまった。一介の主婦であり、息子の友達といった感じに一瞬包み込まれたものらしい。彼女は「東宮さま、お土産を」と声を掛け、白紙に包んで手渡したものである。

翌日夫婦は東宮職に野村東宮大夫を訪ね、ご来訪についてお礼を述べた。戸田侍従は「帰りの車中で大笑いになったのですがね。おみかんがあったでしょう。東宮さまはお好きなんですよ。それがついに出なかったので、あれは見せびらかすために飾っておいたに相違ない、という結論になりましてね」と豪快に笑い飛ばしたものである。

〝銀ブラ事件〟にみられる若気のあやまち

「ちょっと、〝アレ〟に電話をしないか」——ためらいがちに皇太子は学友の気を引いた。

「いいよ」。そう答えると、東宮はうれしそうな顔をする。

清明寮管理人室窓口に置かれた加入電話を使って、橋本は東京の杉並に引っ越していた渡辺節子を電話口に呼び出した。本人を確認すると「代わるよ」と告げて東宮に手渡し、小部屋を出てしまう。何を長話しているのか知らないが、時によると三十分も電話器にしがみついている。

皇太子が銀座脱出行[◆註1]を意図した際、彼女を連れ出すことを付け加えた背景にはこのようなひそやかな交流があった。最初、海軍服のような制服で出掛けると強情を張った東宮に、ともかくもオーバーコートを着せ得たのはひとえに千家の説得のおかげであった。彼はまた、皇宮護衛官一名の護衛を付けるという慎重さにおいても卓抜した読みの深さを示した。彼等は彼等なり頭を絞り実行に移した。

高等科卒業後に巡ってきた春休みのスキー行は必ずしも従来のような屈託なく楽しめるものではなかった。大久保を除いた三人が銀ブラ事件で散々油を絞られた直後だったからである。

野村行一東宮大夫は事件発生直後、秘密裏に処理をしようと考えた。本庁に通知せず、一切を闇に葬むるつもりであったといわれる。大夫の意図に反して、意外な方面からコトは露顕した。宮内庁侍従職から「殿下が銀座に行かれたというようなことがあったのか」と問い合わせてきたのだった。どうやら「花馬車」の主人がお礼言上に出向いたものであったらしい。東宮職に行かないで侍従職に行ったということである。野村大夫の立場はまずくなった。大変に苦労した。

詫びに出頭してきた張本人二人に向かって野村大夫は「君たちの行動は情においては理解もできるが知においては許し難く浅薄、阿呆である。労働運動はなお苛烈であり、ご身分がバレて労働者に取り囲まれるような事態も起こり得たかもしれない」と難詰した。その数日後、野村大夫、小泉東宮参与に見送られてスキー場に出かけたのだから、楽しいはずはなかった。ただし、このお二人は胸の内で〝若気のあやまち〟の爽やかさを感じ取っていた風がある。

皇太子は学習院大学に進学した。政経学部政治学科に籍を置いた。引き続き清明寮に入り、上級生が増えた。当時の入寮者たちが現在サモア会を構成している。田中靖政学習院大教授、高根正昭上智大教授、シェル石油の三隅誠一、高砂香料工業の浅野三千秋、日本鋼管の古荘宏らは二年上級、東洋ガラスの石川貞昭、サンケイ新聞の藤崎健らは一年上級のメンバーになる。舎監は磯部忠正教授（のちの学習院女子短大学長・院長）が当たった。

磯部の回想によると、当時の寮生はどちらかといえば、おしなべておとなしく、常識家ぞろいで静かな雰囲気をたたえていた。ただこの間、下級寮生の一人が恋愛事件を起こした。相手の女性が自殺騒ぎを演じ、当の寮生はしばらく親許で厳重保護下に置かれた。「皇太子

◆註1………44～47ページ参照

殿下が心配されましてねえ。大丈夫だろうか、と舎監であった私を訪ねてみえたことを思い出しますよ」と磯部は言う。帰寮してきたとき、失恋者は丸坊主であった。オヤジが髪をつんだという話から、磯部は島崎藤村の『夜明け前』を思い浮かべ、特に責めもせず優しく見守ったのである。

詩人として才能をあらわす東宮

内親王のご誕生ばかりで皆、くたびれ切った気分でいたとき、昭和八年十二月二十三日午前六時三十九分、皇太子誕生。坂田、梅林寺両名が産婆役で取りあげ、御見届役牧野内大臣、湯浅宮内大臣が老眼を細めて初湯につかるお世継の裸身を拝して涙にかきくれた。体重三千二百グラム。空襲中に猩紅熱《しょうこうねつ》、二十一年に百日咳、二十二年に虫様突起炎をわずらった程度で大きく育った皇太子。

その皇太子にそろそろ成年が近づいていた。

まだモノを言わない生後二週間目ぐらいのころ、お側に上がった伊地知ミキ◈註2は「学校にお入りになる直前までおぐしを長く遊ばしていらした。東宮さまはお言葉がおできになってから、私どもを苗字でお呼びになった。お丈夫でご病気も遊ばしませんでしたから、お発育もお早くしてお立ちになるのも、おひろいもお早く、初ご誕辰のころには、少しずつおはこびもお出来遊ばし、お誕生をすぎて一、二ヵ月目に葉山にならせられましたとき、お小さいくつを召して、海岸のきれいな砂地をおひろい遊ばしましたご様子、それはそれはお可愛らしゅうございました」と述懐した。

東宮が三歳一ヵ月のとき東宮傅育官を拝命した東園基文は二十一年三月まで九年間、幼少期の皇太子に仕えている。首席傅育官石川岩吉、山田康彦傅育官と東園のほか、事務官小出英経、女子のご養育掛三人の顔触れ。「フランス鬼」というオニゴッコ、「いっさんバラリコ」というお遊び、倉橋惣三氏講義のキンダーブック……。六歳から、かつて摂政宮が生物学で研究室に使った赤坂離宮内の建物を使ってオープンした幼稚園での生活。「ヤマ」「ヒガ」と寸詰まりの呼び方をされたときから山田はヤマさん、東園はヒガさんと通称名が固定化したことなど、関係者の憶《おも》いは走馬灯のように、皇太子の軌跡を振り返っていた。

小堀流踏水術の大家で、杉村欣次郎博士とともに皇太子に数学を教えた猿木恭経は、中学時代の東宮が水書◆註3もこなし、一貫匁ほどの錨《いかり》を持って立ち泳ぎをしたことを誇らしげに語っている。

皇太子の詩人としての側面を注視していた角倉志朗（元東宮侍従）によると、内舎人であった信国鉄蔵（二十一年一月退官）について、そのころ詠まれた次の一首などは秀逸といえるも

◆註2……東宮ご養育掛などを務めた女官
◆註3……日本泳法の応用技で、水中で泳ぎながら扇などに書をしたためること

のだ。

「うちよする波の如くに思ふかな　今は信国いかに居るらむ」

正式の指導を受ける以前の、古流形態による自己流の産物だが、淡々と詠み据えた「正直さ」「真実さ」は損われていない、と角倉は評した。後に指導に当たった五島茂は、皇太子が一貫して作歌を続けている点をよしとして、成長の諸相をその歌に見る、と語ったことがある。昭和二十六年八月二十六日軽井沢の「青空を消しつつ進む雨雲は陰なき原をくろくおほひぬ」、二十七年春尾瀬沼の「色黒き森のかなたに雪晴れの至仏の山は浮き出でにけり」など歌柄が大きく育ったとみて、立太子へさしかかった東宮の道程に思いを馳せた。

二十七年十月十九日から二十一日まで、学習院清明寮生はそろって奥日光の学習院光徳小屋に遠足した。同月十七日、当期の寮が終わるし、立太子式も近づいていたため、とにかく遠足の話が出た。寮生・大学二年の石川貞昭山岳部員の発案で行先が確定し当日寮生十二人、鈴木舎監、戸田侍従、由木侍医と東宮の一行は、十九日夕方光徳小屋に着いた。食事当番作製のメシを食い、南間ホテルから運ばれた布団をむさくるしい山小屋に運び、山の歌を高唱した。二日目の夜、皆は殿下を蒲団むしにしたものである。

その日は成年式にふさわしい好天だった

青空が東京を清々しくみせ、暖かな陽光がまぶしく踊っている。昭和二十七年十一月十日朝、東京・渋谷の常盤松東宮仮御所で目覚めた東宮は早速、一風呂浴びた。大鏡を張った脱衣所で丁寧に髪を梳《す》き燕尾服を着付ける。内舎人の手も借りなかった。

小食堂で食事をするころには、御所前の道路に続々と都民が集まり始めていた。前夜から橋本明が泊り込んでおり、朝食の相手を務めた。文化の日は晴れと相場が決まっている。立太子礼が行われるこの日まで晴天は持続して関係者を喜ばせた。日本のホープ皇太子の成年式にふさわしい好天だった。

車寄せには既に皇居までの道程を運ぶ馬車が準備を整え、正門付近は日の丸の小旗で埋まっている。馬車出発の十分前、橋本はそっと外に出た。人波の中に小野洋子（当時、学習院大文学部哲学科一年、ジョン・レノン夫人）の姿を見かけると、微笑を交わし、内部にいざなった。馬車列が動き出した。

毎日新聞宮廷記者藤樫《とがし》準二は著作『千代田城』で次のように立太子礼について書いている。

一般成年より二つお若く、二十六年の暮れに満十八歳の成年にお達しになったが、貞明皇太后の服喪で延期になり、翌二十七年の十一月十日に成年式と立太子の礼を挙げられた。なにしろ新憲法の初国儀であるだけに宮内庁も緊張し、式次第や服装について検討をかさねたが、時代的なズレもあって、そのころは「いまさら束帯や衣冠姿はおかしくて」という議論が圧倒的だった。そして燕尾服にしたらどうか、モーニングにしたらどうかと、さんざんにもめたあげくが古装束にもどってしまった。

田島宮内庁長官、松平式部官長、野村東宮大夫らの幹部は衣冠の袖も通したことのない連中ばかり。冠のかぶり方、笏の持ち方、それにまた歩き方にもその人の癖があって、練習のために、はじめて装束をつけたときなどは、たがいにゲラゲラと笑いがとまらぬ始末であった。それが、いざ当日は内外の約三百名の参列員を前に、堂々と自作自演の「名優ぶり」もあっぱれなものだった。

この日、私も英米の外人記者代表二人らといっしょに新装の仮宮殿につらなったが、高台の両陛下のお顔がはるかに見えるだけで、かんじんの皇太子さまのお姿は全然見えない。参列者の中にカゼの者が多く、ゴホンゴホンのせきがときどき耳ざわりだった。

成年式の加冠の儀[◆註4]では、永積侍従が懸紐をお顎下で切るハサミのパチン、パチンという音、殿下が前進されるコツコツという沓の音が印象にのこったが、それにお言葉の「童心を去り成徳に順い」のくだりは、若い元気なスイートなお声として、心強くたのもしい印象をうけた。吉田首相の寿詞は淡々とした音調で、わるくなかった。約一時間おいて立太子の礼に移った。田島長官はおもむろに宣誓文を読みあげ、さらに吉田首相の寿詞で式を閉じたが、この寿の終わりに「臣吉田茂」とやって、後日、吉田さんらしいと話題をまいていた。とにかく独立の秋をかざるこの盛儀は、殿下の「新しい門出」を祝福するものであった……。

式を了え、常盤松に戻った皇太子は大勲位菊花大綬章を付けていた。勲章は外されると、いったん侍従室に持ち込まれ、皇太子も部屋に入ってきた。「たすきを少し縮めないと……」と戸田侍従が発言し橋本がそっと触れようとしたとき東宮の若々しい声が飛んだ。「さわるんじゃない。落としたら壊れる」。橋本は皇太子が急に偉くなったように思った。

提灯行列が近づいてきた。大門を開放し、市民は車寄せ広場に入った。提灯を掲げ、万歳の声がこだまを繰り返した。その度に、成人となった皇太子はバルコニーに出て手を振った。この日を境にして、皇太子は公人として行動する機会が多くなった。公式行事が目立って増えたからである。

翌十一日は菊栄会[註5]にご出席。十二日から十五日まで四日間、宮中饗宴が続いた。立太子報告のため、十七日から十九日、三重、奈良両県下に行啓あり、伊勢神宮と神武天皇山陵を参拝された。帰京後、多摩陵と多摩東陵に足を運ばれ、二十三日には恒例の新嘗祭の儀[註6]（賢所）に列席。

◈註4……成年になった皇族の儀式の一つ。未成年用の被り物を外し、成年用の冠を被る。加冠役は冠を付けた後、掛紐を結び、その先端を切り落とす。その後、天皇・皇后への感謝の言葉などを奏上する

◈註5……皇族と旧宮家が集まる懇親の会

◈註6……天皇がその年の収穫を神に感謝する、宮中祭祀のなかでも重要な儀式

関連行事も多かった。二十九日の立太子礼記念馬術大会には自ら出場、十二月に入ると二日、総理公邸で吉田首相のあいさつを受けられ、三日は学習院の四谷、戸山、目白三校で立太子礼記念植樹、七日は四谷の初等科で立太子礼奉祝同窓会、十四日、菊栄親睦会臨時大会と中等科・高等科合同クラス会、十五日に賢所で御神祭の儀。そして十七日、デニング英国大使主催のご招宴が英国大使館で挙行されたのである。

八年後に復活した宮中の元旦行事

東宮御所の元日は朝が早い。午前四時ごろには起き、心身を潔められる。五時半から皇居神嘉殿で始まる四方拝、歳旦祭に時間を合わせるためである。食前には平安時代風の正月料理が供せられる。巷間の料理とは全然違う。柏の葉に包まれたような紅白二個の長太い生モチ、ヒシハナビラは白味噌を含んでおり、これがメインの食べ物だ。キジ酒というキジ肉の一片を入れた御酒を飲む。

天皇陛下が神嘉殿南庭で伊勢神宮を初め四方の神々、神武、大正天皇陵に遥拝される四方拝が終わると、皇太子は黄丹袍《おうにのほう》◆註7に身を固め天皇に続いて賢所、皇霊殿、神殿を順繰りに拝礼する歳旦祭に出席される。新年祝賀の儀は午前九時四十五分から始まるのがしきたりだ。宮

◆註7……皇太子が儀式の際に着る上衣。黄丹は鮮やかな黄赤色

［上］東京渋谷の東宮仮御所から皇居まで、馬車で移動

［下］立太子礼が終わり、昭和天皇・皇后と

内庁舎を仮宮殿としていた当時は別だが、新宮殿落成後は正殿・松の間がその舞台となっている。玉座に立たれる両陛下に向かって左手から皇太子以下各皇族が順に入り、天皇陛下にあいさつし、次いで横に数歩移して皇后陛下に新年のあいさつをされ、両陛下に背を向けないよう後ずさりで退室。

十一時からは正殿・梅の間に場所を変え、首相、各大臣、次いで松の間で衆参両院議長、副議長、国会議員、竹の間では認証官、事務次官、知事らの祝賀を受ける形となり、皇太子は両陛下に侍立する配置で参加する。午後二時からは大公使の祝賀。

宮中の元旦行事が復活したのは二十八年。立太子礼を了えるとともに再開されたことになる。なお、この立太子礼から十七日後に池田勇人通産相が衆議院で「中小企業の倒産、自殺もやむを得ない」と失言、不信任案が可決されて辞任し、二十八年は秩父宮雍仁《やすひと》親王、スターリン・ソ連首相の死去、吉田首相のバカヤロー解散、中国からの引き揚げ業務で日本赤十字社が活躍を開始するなどのことを経て、三月三十日、皇太子は英女王エリザベス二世の戴冠式出席のため横浜港を出発する。

十月十二日帰朝されるまで、米国－カナダ－英国－フランス－スペイン－モナコ－イタリア－バチカン－ベルギー－オランダ－西ドイツ－デンマーク－ノルウェー－スウェーデン－スイス（立ち寄り）－米国－ハワイ（－東京）と回られ、英国では当然天皇陛下のご名代の資格。皇太子としては初めての外遊であった。

外遊先からの手紙

欧米十四ヵ国歴訪にあたって、陛下は「ちょうど私と同じ年ごろ、同じ季節に出かけることになる。◆註8 私は西回りのアジア・コース、東宮ちゃんは東回りのアメリカ・コース。親子で地球を一周することになるね」と喜ばれたという。随員は侍従長三谷隆信、外務省参事官松井明、宮内庁式部官吉川重国、東宮侍医佐藤久、東宮侍従戸田康英、同黒木従達、宮内庁事務官渋谷忠治、東宮職事務官坂本秋芳、外務省事務官小野光雄。

昭和二十八年三月三十日の読売夕刊都内版に一枚の写真が載った。元気で行って来ます、という趣旨の、前夜皇太子が学友橋本明に書いて贈った色紙がその図柄であった。彼と横浜港に同行し、ウイルソン号出発（午後四時）を見送った井口道生、山座建太郎両名は橋本に疑惑の目を向けた。後日、この件で報告を受けた皇太子は激怒するとともに、①学友への手紙一切は大久保忠恒あてに送る②大久保は自宅において他の学友にその手紙を見せる③橋本には一切見せない——との処置を決めた。橋本は読売の激しい攻勢に屈して横浜支局長に色紙を見せたものとわかった。

国内での各紙取材合戦は皇太子からの手紙に絞られてきた。間もなく、初便について共同

◆註8……昭和天皇は皇太子時代の大正十（一九二一）年三月、十九歳で欧州を訪問した

通信が内容をすっぱ抜いた。学友グループはハチの巣を突ついたようになった。堀田正祥らが中心に査問委員会めいたものが活動を開始し、藤島泰輔あたりが洩らしたのではないかと疑われたが、実際に取材した記者によると、当の大久保がニュースソースであったという。新聞記者は相手が実際にしゃべらなくても記事に仕立てる手口にたけている。さまざまに想定される出来事を組み立て質問すると、被取材者は思わずうなずくか、否定するか反応を表情に出すものだ。イエス、ノーによって、皇太子から手紙が届いたこと、船中での心境などが手にとるようにわかったのだそうだ。

いずれにしても、皇太子外遊は学友社会に変動を生じさせるきっかけとなり、皇太子自身の警察権的権威発動が噴出する一方、取り巻きの再編成が進行する格好の刺激剤ともなった。

この欧米旅行については吉川重国著『戴冠紀行』に詳しい。ホノルル寄港後サンフランシスコに上陸するのだが、賭金一回二十五セントでビンゴに興じたり、映画を見たり、中国人船客と麻雀を闘わせたのはウイルソン号上の生活である。カナダ経由ニューヨークに入り、ヴァイニング夫人と再会もそこそこにクイーン・エリザベス号（八万三千トン）で大西洋を渡る。吉川によると「もっとも自然な、もっとも人間的な殿下の映像をうつしたのは、なんといっても船中（太平洋十二日間、大西洋六日間）でのご生活であった。随員たちからやかましい拘束もうけられず、一旅客として自由にくつろがれた航海中のことが、おそらく殿下にとっ

初めての外遊。横浜港で多くの人が出発を見送る

ても忘れがたい印象にちがいない」ということになる。

エリザベス女王の戴冠式で

六月二日、エリザベス英女王の戴冠式で皇太子に与えられた席次は十七番である。秩父宮が第一席に位置した故事◆註9に照らすも今昔の感が深い。事実、英王室は敵性国家日本の代表に微笑を送るほど寛大ではなかった。むしろ冷遇が、あるいはネグリジェンスが一般英国民の態度（対日）であったから、マリク・ソ連外相に始まる殿下の列を見ても、ネパール、日本皇太子、サウジアラビア、イラク、マーシャル米国務長官、ラオス、ベトナム、アフガニスタン、エチオピア、カンボジアといった具合で、いわば十把ひとからげな扱いに徹したと言ってよいだろう。旧枢軸国日本に対する冷ややかな空気を身に染みて感得した若き皇太子の苦悩は、計り知れないものがある。

例えば各国代表を回られた英女王のあいさつにしても、皇太子はアジアの一国の皇太子と同室のまま、約三時間も待たされた挙句、ついにエリザベス英女王は握手の手こそ差し伸べはすれ、皇太子と視線を合わす事態を断乎、拒否したと伝えられる。

しかしながら、英国は、皇太子に大きな成長を促がす母体でもあった。

戴冠式に先立つ昭和二十八年四月二十七日、皇太子一行はシェルブール経由サザンプトンに到着。かつて天皇陛下の接伴員であったピコット少将（当時大尉）、サイモン接伴員、マリー・ローズ大佐、松本駐英大使らの出迎えを受けた。地元の記者は東宮をロイヤル・ハイネスの呼称で遇している。翌二十八日午前十時半、列車でウォータールー駅頭に立った皇太子に温かな歓迎を示した紳士二人がいる。それはハンキー卿、クレーギー元駐日大使。ロンドン入りした皇太子は駐ロンドン日本大使館で昼食を済ませるや、早くも吉川式部官、サイモン接伴員を伴って街に飛び出し、帽子屋「ロック」でソフトとトップハットを求め、バーリントン・アーケードで赤いネクタイ一本、次いでオックスフォード街からボンド・ストリートを歩き画廊をひやかした。この散歩兼ショッピングに要した時間は二時間。松本大使と朝海公使を交じえた夕食の席上、英国到着第一日の積極的行動が大いに話題になったという。

バッキンガム宮殿で記帳だけ済ましたのが二十九日。アキヒトは「ロジャース」で乗馬服の仮縫いをし、ハイドパークで写真に収まり、シャツ屋に入ってネクタイとマフラーを買った。この日は父陛下の誕生日である。昼食後、レディ・スウエイズリングからテニスの誘いがあって、随員たちは内心喜びを隠さなかった。

天皇誕生日祝賀レセプションにはロバート・クレーギー卿夫妻、カニンガム夫妻、セムピル卿、詩人ブランデン氏のほかグッドマン、ウォーターフィールド、ジョージセール、ヘン

◈註9……昭和十二（一九三七）年に行われたジョージ六世の戴冠式では、天皇の名代として出席した秩父宮殿下が、外国王室筆頭の扱いを受けている

ウォースといった人々が集まった。

ダウニング街十番地でチャーチル首相がアトリー氏（元首相）、アレキサンダー卿、デーリー・エキスプレス紙社長ビーバーブルック卿らを伴い、皇太子歓迎午餐会を開いたのは四月三十日だった。チャーチル首相が皇太子を励ましたのはこのときである。◆註10

こどもの日の五月五日、皇太子はロンドン入り後初めて女王にあいさつしている。モーニングコートにシルクハットの扮装でバッキンガム宮殿で約十分、立ったまま女王と夫君エジンバラ公に会い、陛下の〝ご沙汰〟を女王に伝えたわけだが、昼すぎ宿舎に帰って来た皇太子は、どういうわけか「買いものに行こう」と吉川氏を誘った。宮殿に随員は入れなかったから「うまくいった」という短い東宮の報告以外に想像のしようもない。

しかし、五月六日―十七日のスコットランド滞在中、皇太子は心ゆくまで滞欧最良の日々を過している。ヘザー（ヒース）に覆われたスコットランドの高原地帯はその後、皇太子の記憶に鮮やかに生き続け、昭和五十一年六月の英国ご再訪に当たり、美智子妃への説明役に立つことで頂点を迎えている。

◆註10……チャーチル首相は「殿下（明仁親王）は幸福な青年だ。我々は過去に属しているが、あなたは未来を持っておられる」とスピーチした

[上]シルクハットを被り、イギリスの街を散策する

[下]訪英中は「その他大勢」の扱いだった
（前列左から4人目）

敗戦国代表の悲哀

級友の一人、千家崇彦（国際パルプ）によると、皇太子は帰国後、敗戦国代表の悲哀が身に染みた、と語っている。

いわば公式行事の一役を黙々とこなした形の皇太子は内心の衝撃を隠す道化師だったかもしれない。六月三日のコベント・ガーデンにおける『白鳥の湖』鑑賞、四日、各国代表二百五十人の一員となり、ケント公妃の手を引いて着席、同妃とグロスター公妃の間で送ったバッキンガム宮殿におけるステート・バンケットでも日本人は彼ただ一人だったのである。五日はバッキンガム宮殿の戴冠式告別レセプションがあり、皇太子はこの日、気晴らしの動機も加わってか、ロンドンで初めて地下鉄とバスに乗ってみた。同夜、カンタベリー大僧正主催のガーデンパーティーに続き、ランカスター・ハウスでチャーチル首相主催晩餐会、宮殿における最後のイブニング・レセプションを経て、皇太子明仁の英国における公式期間は終ったのだった。

しかしながら、英王室が単にそっけない扱いと無視に近い冷酷さだけで、かつての敵国の皇太子を遇したわけでは決してなかった。六月六日エプソム競馬場でダービーを観戦した親王はモーニングコートにグレーのトップハットを着装し、第三レースのダービーステークスの馬券を買った。隣のスタンドに英王室ご一行が陣取っている。第一レースが終わったところで、女王のお使いが親王を訪れた。

「よろしかったら女王のスタンドで第二レースを……」と誘いの言葉。親王は素直にこの招待を受けた。

ロンドンの日本大使官邸に、いま一本の桜が育つ。皇太子が当時植樹されたものだ。この桜と天皇ご訪欧の記念植樹が引っこ抜かれて焼き捨てられた事件[註11]を噛み合わせてみるとよい。反日感情の根深さがわかるだけではない。針のむしろに座した若き皇太子の苦衷が偲ばれるであろう。

チャーチルの生家ブレナム・パレスでマールボロー公爵夫妻のガーデンパーティー（七日）に身を置き、翌八日サウス・ケンジントン博物館に立ち寄ったとき、小泉信三は「日英関係は前途遼遠」と嘆じた。皇太子英国ご滞在の最終段階で小泉の口を突いて出たこの言葉が、全てを物語っていた。

皇太子にとって青春の旅は、帝国の繁栄を背負って欧米を旅された父陛下の青春と比較してどのような意味を持つのであろうか。それは、日本が国際関係下特に対英友好史上最悪の、どん底時代に欧米の気風に接したという事実で、十分説明がつくものと思われる。六月

◆註11……昭和天皇は昭和四十六（一九七一）年、半世紀ぶりに英国訪問し、日光産の杉を記念植樹したが、翌日には何者かによって切り倒される事件が発生

九日ロンドンを後にした皇太子はパリへ向かう。

フランス、スペイン、モナコ、イタリア、バチカン、ベルギー、オランダ、西ドイツ、デンマーク、ノルウェー、スウェーデン、スイス、米国、ハワイを経て十月十二日帰京されたこの長旅が、日本と国際社会に関する考察を深め、その後の人格形成に資した教師たる役割そのものであったことを、忘れてはならないのである。

帰京した皇太子は一回り大きくなっていた。あらゆるクラスメートや奉仕者はもとより、皇室の全員に皇太子は土産物を配った。そのうちの一人橋本もネクタイを頂戴した。しかし、皇太子には処理しなければならない秩序維持の仕事が残っていた。癇症の親王は待つことも知らなかった。静養先の軽井沢に橋本を呼びつけ、自分が出発時に彼に与えた書がなぜ読売に掲載されたのか、自らの手で調べ、白状するまで追い詰めた。仕方なかったと泣く泣く述べる相手に「金が目当てだったのだ」と極《き》めつけ、その日彼が身につけて来た欧州土産のネクタイを「返せ」と言って奪った。

滞欧便りが新聞に漏れた件では無実の藤島泰輔が卑劣な手段で追われた。前述したような事実関係だったから、真実は埋もれたまま皇太子の峻烈な検事ぶりも宙に浮きうやむやになった。

皇太子と橋本の関係はその後二年間、完全に絶たれた。大学三年の終わり、橋本が外交官一次試験に合格したときだった。皇太子は食堂横の広場で彼を呼びとめた。「橋本が外交官になれば、私の立場上会わないわけにはいかなくなる。会わないのも変だ。だからこれまでのことは忘れよう」と提案した。新たな怒りで目先が真っ暗になった橋本は、ただ一言「いやだ、ことわる」と言い、皇太子に背を向けた。断絶はなお続く。

「一生、結婚できないのかもしれない」

大学四年のころから、皇太子妃選考がひそかに進行を始めていた。皇太子自身も「旧伯爵家以上の家庭が対象になる」と明言し、尨大《ぼうだい》なリスト作成を手始めに調査が進展した。旧家というものは、しもじもと違って血縁が複雑な関係を形成するところである。

功成り名遂げた人物が妻以外の女性をもつのは当然視された時代を経ているため、妾腹の子であったり、色々と乱れがある。宮内庁のお妃選考着手はある意味で恐慌状態を作り出す震源地といえた。加えて、当時、旧華族グループは名こそ残れ、暮らし向きの実は薄かった。天皇家と伍すほどの財力に乏しい。

戦後の特質であった世代交代と世代対立はまた、新しい価値観の定着を縦軸とし、旧秩序、旧道徳、抑圧からの解放を横軸として、娘の幸福という問題については比較的割り切り易い環境を用意していたふうがある。特に超保守的生活に埋もれていた華美が、連合国軍総司令部（ＧＨＱ）高官の成り金趣味と合し、軽薄な欧米風生活への憧憬に走った多くの旧華族たちは、天皇家との付き合いという時代逆行のレールに娘を放り出すことには不向きであった。娘たち自体が、金切り声をあげていやがった。

このような風潮が、結果として〝いち早く娘を嫁に出したり〟〝恐れ多すぎる〟との掛け声に逃げ道を求めたりし、皇太子明仁との婚姻忌避に傾いた事実は、実に興味深い。しかしながら、五摂家の方とかいった人たちが結局はお相手に出るのだろうという、一種の安全弁思想が彼らの間で常識化してもいたのである。

「どこも駄目だ。一生、結婚できないのかもしれない」――皇太子は急に老け込み始めた。気力を失った。顔色は蒼白というよりも黒ずんでみえるようになった。こうなると、人間の魅力は半減するものである。心ある古くからの友人で、皇太子から離れて行く学生たちが数を増した。山本五十六元帥の二男もその一人だった。

藤島泰輔は自分が身を置くこの社会がルイ王朝風の権謀術策に満ちた、権力志向型の特殊社会にどうしてならざるを得ないのか、懐疑を深めつつあった。文学を心ひそかに志望した藤島にとって、皇太子を頂点とした学友社会の解剖は避けて通れないテーマであった。彼は黙々と原稿用紙を埋めていた。

槍玉にあがった「側近学友」

皇太子を取り巻く顔触れが急角度で変わったのもそのころの特徴といえた。毒にも薬にもならないオベンチャラにかしずかれ、チヤホヤされて、皇太子は四年目の大学生活を送った。

ウサ晴らしには格好の連中だった。新顔にまじって〝中心人物〟の色彩を強めた堀田正祥は尾張徳川家を継いで徳川義宣を名乗り、趣味として生かしてきた考古学や美術鑑賞の実力をつけつつあった。井口道生、大久保忠恒は依然として、なくてはならぬ影響力の強い友人だった。初老化した皇太子に危機感を深め、なんとか奮起させようとさまざまに苦労を重ねた。

毎夏、軽井沢で避暑生活を送るグループと皇太子は自然、交流を密にした。そういう人々の別荘では、よく集まりがあり、同年輩の女子大生（学習院）も加わってダンスに興じるということも多かったようである。

「チャブがね、催しちゃったらしくてね、Kというのがいるだろ。それとダンスをした。なにやら危なげな様子になっちゃって……」。こんな話を大学のキャンパスに持ち帰って話題にする軽井沢族もいた。

三十一年三月、学習院大学同年度卒業生は学士号を受けて学業を了えた。初等科一年生から在学、一貫教育を授かった学生にとって、この日は十六年間にわたった学習院に別れを告げる日でもあった。

その前年の秋も深まるころだったろうか、藤島泰輔は心魂を傾むけた処女作を完結していた。立太子記念出版として、初の皇太子モノを出した編集者荒木三作に見てもらおうと、藤島は一夜、荒木を自宅に訪問した。

広壮な和室に構えた荒木は部厚く綴じられた原稿用紙の束を無造作にペラペラとめくり、目を走らせた。その間、藤島は正座した膝に握りこぶしを固めて置き、それこそ固唾《かたず》をのんで、待った。荒木はやがて顔を上げた。そして言った。

「売れないね。これは駄目だ」

その一声を聞いたとき、憤怒の表情が藤島を満たした。屈辱の一瞬だった。真っ赤に燃えた頬がピクリとふるえ、「そうですか。じゃ、失礼します」と席を立った。

藤島は先輩三島由紀夫に扶《たす》けられついに出版にこぎつける。東京新聞に就職が決定し、出社した初日から藤島は自分にかかってくる電話攻勢に冷汗三斗の思いを嚙みしめなければならなかった。どの電話も新人藤島を名指しにしたものばかりで、これには東京新聞も頭に来たようである。わずか三日間、それも自分への用件をさばくだけの形で勤務した藤島は新聞記者の道を棄て、作家の道を歩もうと決心する。彼は辞職した。

藤島の作品『孤獨の人』は爆発的な人気を博し、異様な衝撃で迎えられつつあった。青年皇太子を取り巻く環境がルイ王朝風の権謀術策に塗り込められたものだとする藤島の文学的手法による告発は長大ルポの迫真性と暴露性をも有していた。

世間に対してインパクトをふるった彼の作品は、学友仲間の反発を余計に買った。いわゆる〝側近学友〟として槍玉に上がった連中は「この個所にオレは責任を持たない」と激昂し、東宮御所に皇太子を訪ねて弁明する者まで出た。彼等は自分がどのような名前で小説に登場しているか、一目で諒解できたからである。

交友に関する皇太子の論理

共同通信社に入社し、社会部に配属された橋本は、自分が〝岩瀬〟の名で主人公に擬せられていることにまず驚きを示した。彼にはホロ苦い追憶の詩集が凝固した小説の内容を指弾する意図は毛ほども生まれて来ない。むしろ、構成力、文章力の見事な展開に藤島の非凡な才能を見抜き、永遠のライバルの登場を身近に見つめる思いの方が大きかった。

皇太子は全く別個の反応で『孤獨の人』に対する自らの見解をまとめ、藤島の指摘を全面的に退けようとしていた。次のような論理を作りあげていた。

藤島は皇太子を頂点とした、あるいは中心とした〝学友社会〟の内部で階級差を生み出した様相を分析し、つまるところ、それは皇太子が全学年に対し平等な位置を保とうとしなかったところに要因があると考え、皇太子が必然として孤独の人たるべきことを求めたものである。この考えは皇太子における人間性の全面否定である。皇太子である自分はまず第一に人間である。人間である以上、自らの意思で友たる者を選ぶのは天賦の自由であり、当然であろう。全級友と平等な交際をするよう強制されたら一体どのようなことになるか。それは自己を石のように変えるようなものだ。自分は自ら友を選び、その交友を通じて人生を満たして来た。自分が仮に藤島を良友と思えば友とした、という関係で考察するならば、学習院時代における藤島の、自分に対する位置づけは明白となろう……。

皇太子における人間性尊重の芽は、藤島の『孤独の人』を契機として、世間に対し主張を開始したと解してよい。自己の人間性を根幹として、伝統世界の中で自分を位置づけようと努力する姿は、これ以降、一貫した流れとなって皇太子を律して行く。他方、素直な民族主義の発露から三島への傾斜を深める藤島は、社会、日本を取り巻く現状から憂国の心情を抱くに至り、天皇の神性復活論をもって愛国者の背骨を構築しようとした。彼の目から見れば、皇太子の生き方は大衆迎合の道となる。がまんならない苦い思いをこめて筆を握り、皇室評論を口にするとき、人間性を第一義に据える皇太子との間にどうしようもない拮抗を生むしかなかった。

皇太子は自分の考えを親しい友人には語ったが、藤島に直接ぶつける道はあくまで避けた。宮には本能的に敵と味方を識別し、敵とは対決するという激しい性格が与えられているかにみえる。うわずった徳性論や寛容さを排し、ラチ内に異分子を引き入れない自衛策に拠る人物が、その本質なのだ。

皇太子が平気で裸の内面を曝し得る橋本という男の場合、皇太子の目から見れば、常にスキだらけであった。尻尾を摑まえようと思えば、それがどこにくっついているか、容易に見分けることが可能だった。通信社記者となった橋本との関係を修復したときにしても、皇太子には、「あいつは縛っておきさえすればいい。野放しにしておくと何をするかわからないところがあるから、手綱を絞っておこう」という気分が支配したのである。

皇太子は条件をつけた。公私の区別を厳格に守る、という誓約を入れさせることだった。橋本はあからさまに「皇太子といえども人間ではないか。その人間と私とは同等の立場だ。どちらが偉いなんて関係ではない」と突っ張った。それに対して、だからこそ公私の別を明瞭にするのだ、と言われると「そんなものか」とあっさり受け容れる甘さしかなかった。

皇太子は手綱を再び握ったわけである。

第五章　世紀のご成婚ブーム

東宮妃報道合戦の舞台裏で……

皇太子と正田美智子の出会いについて殊更触れる必要があるのかどうか、筆者には自信がない。現象としてのエピソードを綴ってみても大して面白いとは思わない。

恋する男の通性として、皇太子も人並みに「恋人を奪われはしないか」というバカな心配事に取りつかれたし、嫉妬のかたまり化した経過もきちんと踏んだ。

軽井沢のテニスコートに咲いた恋の季節で、これも常識豊かな家庭の常態にすぎないが正田家の断りとともに、当の令嬢も頭を冷し、もろもろの考えるべきことをまとめるため、一時は男のそばを離れた。即ち、母校聖心女子学院の関係で海外へ一人旅をし、先々で関係者の手厚い保護を受けながら自分の心を鏡に写し取って見詰める時期を持った。

男は単純だから、そういうメに遭うと悲観が先に立つ。「逃げられたか」と頭を抱えたに違いない。表《おもて》使者の小泉信三、黒木従達だけに任せていたのでは本当に逃げられてしまうぞ。本当に結婚したいのなら腕ずくでも奪って来い。自分でやれ……とけしかけたのは大久保とか井口、徳川など学友たちである。

二年下級生の織田をメッセンジャーボーイに仕立て、彼女が帰国した当座から皇太子の電話による求愛を皮切りに二人の意思疎通が始まった。「家庭を持つまでは死ねないと思った」などと洩れ伝わったホットラインのやりとりはこのとき。同時に正田家令嬢の結婚観、人生観、時々の心境は洩れなく皇太子に伝わった。

徳川は後日「チャブが甦ったんだ」と評した。かつて悶々の日々を送った灰色の皇太子が姿を消し、持ちまえのねばりと明るさ、意思力で再武装した皇太子は全く生き生きしてみえた。正田美智子はその人柄に魅せられ、その人格を信頼し将来添い遂げるべき人たる男性像を、そういう皇太子のなかに見詰めたのであろう。

ここで触れたのは三十三年夏から九月にかけての話である。そのころ、読売新聞社会部お妃班は旧宮家の令嬢を本命に見立てて大層な自信ぶりだった。学習院出身、眉目秀麗な、それでいて線の細さを思わせる女性で、これを本命とし、正田家の動きは察知していない。

朝日、毎日はいち早く正田家を掘り当て、美智子の欧米旅行を徹底マークし、実際に話を交わしたり、彼女から手紙をもらった記者もいた。三大紙に対抗する共同通信は八月の軽井沢で旧軽テニスコートを舞台に白球を追い、仲良く休憩する皇太子と一女性の写真を大量に撮影したが、正田美智子が本命との確報を文部省担当だか科学技術庁担当だかの記者を通じ

美智子妃との「テニスコートの恋」

て入手したのは朝、毎よりは若干遅れをとった九月である。

報道合戦が熱気を帯びるにつれて、早まった報道による破壊力のすさまじさを想定した人物がいた。東宮参与小泉信三である。小泉は熱心に各社に足を運んだ。まとまるものも壊れてしまう、そうなった場合の致命的な問題点を説いた小泉の言葉が各編集責任者をほだし、新聞協会が間に入ってついに協定が結ばれた。こうなると、抜け駆けのスクープは不可能。協定消滅、つまり発表の日まで、いかに多くの確実な情報を集め紙面を用意するかの勝負である。

宇佐美・小泉・黒木のトリオで秘密作戦

小泉・黒木の東宮妃選考デュエットは東宮職内でも固く秘密を守った。地震学の権威坪井教授、学習院院長安倍能成、常磐会会長松平信子とそろった東宮参与の面々は意識的に遠ざけられた。庶民の家からの立妃が巻き起こす波紋を慎重に見極めた東宮妃選考責任者は内定という既成事実の前にコトが漏洩し、議論の対象となれば、収拾困難な場面を迎えるだろうと分析した。秘密裏に正田家の基本合意を取り付け、内定発表の形で正面突破を図る以外に上策はなさそうだった。

ときの宮内庁長官宇佐美毅が最終責任者の抑えを効かし、小泉・黒木を扶け、開かれた皇室の演出に大役を全うしたことを忘れてはなるまい。秘密裏に最終場面を迎え、マスメディアの協力を取り付けて布石に万全を期した小泉だが、矢張り人の子であった。正田美智子を発見して百％満足した歓びを、ある人に縷々《るる》開陳している。その人はヴァイニング夫人だった。小泉は理想的な女性を発見したと書き進め、性格、才能の煥発さを称揚しながら内にこめた感動を最大限の名文で表現した。ヴァイニング夫人は「肯定」の返書をしたためた。

皇太子と正田美智子の間が固まるにつれて、正田家も家族会議を積み重ねていた。あくまでも固辞する正田家の真摯な態度が宮内庁当事者の心証を著しく良くしたことも付記しておきたい。方向は定まった。皇太子も含め、当事者が最後に懸念を残したのは皇室会議の行方だけとなった。皇室会議にどのように対応するか、高度な作戦が練り上げられて行く。

皇室会議は皇位継承の順位の変更、摂政の設置・変更またはその順位の変更、摂政の廃止その他皇室に関する重大な事項を議する機関であり、皇族二人、衆参両院正副議長、内閣総理大臣、宮内庁長官、最高裁判所長官及び裁判官一人の十人で組織する。東宮側が最も気苦労した点は東宮妃候補正田美智子の宗教的背景について突っ込まれた場合の対処方針だった。キリスト教を校旨とする聖心に在学した者の哲学観は、敢えていうならば取り消し不能の滋養部分である。人生観の骨格に位置する思想・信条が冒すべからざる私権に属する以上、皇室の伝統たる神道との絡みで当然問題になる。

他の問題、例えば家格などは皇室に新しい血を導入し健全化のテコとする内科的論理を用いれば十分説得性を持ち得よう。東宮側はここでウルトラCともいうべき方法をとることとした。

その方法とは、会議構成メンバーの一人に含んでおき、皇室会議の席上で当問題を質問させる。それに対し、宇佐美長官が答弁するという逆手を突く作戦であった。つまり宇佐美は「聖心はキリスト教を是とする教育機関ではありますが、正田美智子さんは洗礼を受けておりません」と発言する。同会議がそれを諒とすれば、皇室最高機関の公式承認によってその後の同種論議を封じるという二重の効果・武器を手中にできるわけだ。

東宮はこのような戦法で美智子を手厚くガードし、皇室会議は予想通り運んで難関を乗り越えた。彼女が洗礼を受けなかったのは事実である。半面、キリスト教的世界観、価値観が彼女の内に育ってないとみたら大変な誤りとなる。彼女が皇太子への愛を貫くとき、自己の基盤である価値観の根底を棄ててかかることは到底不可能であった。棄てれば自己喪失たらざるを得ない。背骨を抜き取った女が愛を通せるわけがない。彼女としては自分を受容することを相手に求め、そのうえで最大限の努力を尽くし、皇室の伝統を守るとの誓約を手渡すことが、結婚への出発点でなければならぬ。

結婚の条件は整った。東宮妃内定のニュースが全世界を駆け巡った。

沸きあがる国民とは裏腹に

ミッチーブームで全国が沸きあがった。沸騰するやかんの中がそのころの日本だった。いささかの経過に触れておくと、東宮妃内定発表二日前発売の週刊誌二誌に、折角新聞・通信社が報道協定を遵守していた内容が素っ破抜かれるという事件が起きた。各紙皇太子妃取材班に属する誰かが洩らしたのに違いなかった。後に戦記作家となるKではないか。そんな取り沙汰もされた。

日清製粉社長正田英三郎氏長女美智子さん（二十四歳）が皇室会議の議を経て東宮妃に内定したのは十一月二十七日である。

安倍、松平、坪井の各東宮参与に正田美智子に決定の秘事が伝えられたのは新聞発表に先立つ二日前であったという。安倍は確か、そのころ四国にいて、電話で小泉から結婚報告を受けたはずである。松平恒雄夫人信子（秩父宮勢津子妃殿下の母）の自宅には黒木東宮侍従が使者に立った。決定を報告した黒木に信子は精一杯の皮肉を浴びせたという。

松平信子は学習院及び外務省で女子教育に専念した偉大な女丈夫だった。手塩にかけた最愛の東宮が市井の一女性に奪われた無念さはさりながら、反論や容喙《ようかい》を許さない小泉のやり口に激しく憎悪した。一片の相談にもあずからなかった口惜しさに巨軀をよじったが後の祭りだ。

松平信子の徹底した女子教育は有名だった。学習院女子部で彼女の息のかかった生徒はひそかに鬼女だの、鬼婆だのと呪った。それでいて男子にはまことに優しい女性でもあった。橋本はひそかに彼女を敬慕していた。胸のすくような悪罵を聞くのが好きでならなかった。

東宮を好むというところで一致した二人は機会をとらえて会い続けた。

高貴な老夫人は橋本の初訪問を受けたとき茶巾寿司を用意した。大変に味が良かった。青年がそれを好むと知った老女は電話で来訪を知ると、必ず茶巾寿司一個を取り寄せて待った。訪問者が美味そうに食べる姿を楽しみ、やがて口を開くのが常だった。上品に和服を着こなした。

東宮職はこの人にも取り込み策を発揮した。宮内庁分室で始まったお妃教育の講師の一人に指名し、現場指導を任せたものである。結果的にみれば、それは成功したというべきであろう。

三十四年一月十四日納采の儀[◆註1]、四月十日ご成婚の日取りが決まった三十三年暮れ、学習院同窓会が慶祝をかねて催された。皇太子と同窓の仲間、教師のほぼ全員が参集したその会合でスピーチに立った東宮は、弁舌さわやかに祝賀への謝辞を述べた。自信に満ちあふれ上機嫌の主役が演壇を降り、多勢の知己にあいさつしながら中央に進み出たとき、真っ正面から近づいて礼儀正しく敬意を表し、質問を投じた男がいた。橋本である。


「これは見合いですか、恋愛ですか」

ご婚約発表に当たって小泉信三による〝解説〟が新聞紙上をにぎわせた。小泉は緻密に婚約の経過を説明したが、その大意は、周到な準備と選考の過程を経たうえで決まったとしか受け取りようがなかった。個人の恋愛による結婚への道程というニュアンスは否定されていた。果たしてそうであろうか。小泉流の解釈に従えば、正田美智子は第三者機関によって選考され、当事者は敷設されたレールを走っただけのことになってしまう。

かつて皇太子自身の口から「旧伯爵家以上の家庭が東宮妃選考の対象になる」という条件を聞いた人々にしてみれば、旧来の陋習《ろうしゅう》を破った破格の動機がどこに介在したのか、知らなければ納得しかねる事情があった。皇室に新しい血を導入する必要が……といった説明では、現代の人身御供《ひとみごくう》という、およそアップ・トゥ・デイトの皇太子の結婚には適《ふさ》わしくない結論しか出て来ないではないか。

当事者本人からどうしても聞きたいところである。質問するには、この同窓会の機会を外してはあり得まいと、とっさに考えついた橋本は東宮の眼を見つめて、バカ丁寧な言葉遣いで質問した。

「殿下、はっきり答えていただきたいのですが、これは見合いですか。それとも恋愛ですか」

一瞬、会場はシーンとなった。緊張した、といってもいいだろう。皇太子の口から、どの

◆註1………皇族が結婚に際して行う。この場合は、天皇・皇后の使者が美智子妃の実家を訪ね、両親に供物を進呈した

ような答えが返ってくるか。

「両性の合意に基づく結婚である。このことは国民に良く知ってもらいたい」——皇太子は昂然と言い切った。場内にホッとした空気が流れた。それは明るくほほえましいものでさえあった。宴が終わった。

公私の区別を遵守するというタガをきつくはめられた橋本は、この皇太子との紳士協定を破る決意を固めた。皇太子の言葉に、確かな人間性のありようを見詰めたとき、世紀のご成婚がお二人の人格による対等で、しかも愛と信頼を基礎とした交流の結果生じたものであることは明らかだった。日本の民主主義発展のためにも、むしろ好ましい。新憲法第二四条一項◆註2の精神を体現できた皇太子の満足感が明快に理解できる言葉を聞いたとき、これを個人の枠内にとどめておくことと、公表することの重みを秤にかけて評価してみた。

約束を破る以上、東宮の激怒は知れたことだった。しかし「国民に知ってもらいたい」と言ったからには、彼自身には自己宣伝する道具を持たないことを意味していたご成婚の意味づけをすることは、将来のお二人にとってもはなむけになるだろう。読者もお二人の心の機微に触れて感銘を深めるに違いない。

◆註2……条文は「婚姻は、両性の合意のみに基いて成立し、夫婦が同等の権利を有することを基本として、相互の協力により、維持されなければならない」

納采の儀。昭和天皇の使者を迎える正田家の人々

社に戻った彼は一気に八十行ほどの原稿を書いた。社が使うか使わないかは社会部長が決めればいい。橋本は原稿を長与道夫部長の机に放り出しておき、喫茶店に逃げた。再び編集局に足を運んだ橋本は長与が背を丸めてひたすら筆を走らせている姿を認めた。黙って近づいた。「前書きの部分だけ書き直した。君がたまたま同級生であり、その資格で皇太子の話を聞けた点を明らかにしておく」と長与は訳を説明し、読むよう促した。「結構です」と答えたとき、橋本は河を飛び越したのである。

翌日の朝刊四十二紙に掲載されたと知っても彼の心は楽しまなかった。皇太子との協定破りについて後始末をしなければならない。今井社会部デスクに向かい「東宮御所に行って来ます」と告げ、重い気分で渋谷に車を走らせた。

たまたま馬術部員多数が御所前に集合していた。シリにくっついて橋本は御所内に入った。記念品贈呈のため皇太子の居間に通された一行の最後に敷居をまたいだ。にこやかに一人ひとりとあいさつを交わしていた皇太子は最後に入室した男を見て血相を変えた。

「なにしに来たっ」

「約束を破ったことを謝まりに来た」

およそその場に適わしくない感情の爆発に馬術部の全員が声を失ってたたずんだ。「私の言ったことと違うことも書いてある……」。もう後は言葉にならなかった。ほぼ両腕で橋本の胸を激しく突いた。うなだれて、彼はよろめいた。よろめいたところを皇太子は踏み込んで室外に突き出し、荒々しくドアを締めた。

〝お福の方〟を埒外においた時代の波

徳川三代将軍家光の乳母お福の方とはもしかしたら松平信子の内にたたえられた烈女像に相似していたかもしれない。

松平恒雄、信子夫妻の第一女子勢津子が故秩父宮雍仁親王妃となった昭和三年九月二十八日以降、信子の威光は夫が奉職した外務省だけではなく学習院女子部を舞台とした教育実践の場で、また学習院女子卒業生で組織する常磐会で輝きを増し、秩父宮妃ご生母という立場上、宮中における格式も堂々たるものがある。

神奈川県大磯、エリザベス・サンダース・ホーム園長沢田美喜はいまでも顔をしかめて信子を想い出す。旧財閥岩崎家の娘で外交官沢田廉三に嫁した美喜は土佐出身だけに吉田茂に似た男勝りの気性を備えた当代の烈女だが、外交官夫人として礼儀作法を信子の指導に委ねた若き時代は本当に泣く思いを嚙みしめた、と述懐したことがある。

信子の指導は苛烈を極めた。霞が関の鬼女と恐れられ、草刈廣に嫁した伏見章子ですらも少女時代に経験した女子学習院における信子像とは鬼に近い存在だった、と語ったことがある。

しかし、松平信子ほど男性に甘い女史も少なかったのではないか、と思われるふしが、彼女の周辺にいた男性には強く感じられた。信子の抱く秩序感覚とはあくまでも天皇を頂点とした階級社会に自己を位置づけ、先進諸国の立憲君主制を支える異民族と対等に抗し、無私無心に奉仕するところにあったから、また、自然、自身を律するに厳しく、他を計るのに自己の尺度をあてはめたから、信子の高邁な精神より下位にある者はことごとく苦しまなければならなかった。

彼女の信を置く価値は連綿と続く血のその純血に彩られた希少性にあったと思われる。武家、公家の、これまた長年の血の蓄積とかつての功績、禄高、位階勲等による宮中序列が身分高下の判断基準だという気持ちは信子の体質から消えることがない。

松平信子は小泉信三、安倍能成らと並び、東宮参与に任じられるや、全愛情を明仁親王の上に注いできた。皇嗣に奉ずる信子の姿は献身の一語に尽きるものがあったが、皇太子妃選考に当たって完全排除された事実は〝時代の波〟とより言うほかはなかったろう。

旧伯爵家以上の家柄を対象とした皇太子妃選考が、その過程で埒外に転進を余儀なくされた時点から、選考方針そのものが信子の価値体系をはみ出した方向づけをたどった。こうなると、信子の存在はうとんじられてしまう。また女性特有の秘密保持性の弱さが危険視されるに至る。

皇太子ご成婚の特性は皇族、旧皇族、旧華族で占められた旧体制社会の秩序感覚のなかで分裂し、拮抗をはらみつつ一部別途の細胞分裂を増殖させながら進行したことにこそ見出されなければならない。一般に、皇室の藩屏《はんぺい》を自負した旧華族が東宮妃出身母体の意義を失ったとする批判や注釈は、当たらない。当時、旧華族で東宮妃に擬せられた多くの家庭が将来の経済上の難点、当時の自由主義に向けて進行しつつあった人間解放感に支えられて、天皇家への輿入れを丁重に避けた事実に注目するならば、一部の旧華族が宮内庁、東宮職と密接に協力しつつ、埒外への人選に方向を転じたのも故なしとしない。

旧華族に内包する深層心理

日清製粉社長正田英三郎家が登場するまで、むしろ旧華族自体の整理づけにはなんらの無理も認められなかった。

世の中ははかりにくい。正田美智子の東宮妃内定に対して、自家整理を了えたはずの旧華族層から大きな反動の波が生じたところに、彼らの自家撞着があり、天皇制が内包する不可思議な牽引力があった。それは国民の深層心理に意外なほど強力な共鳴板が存在することが確かめられるにつれて、抜き難い障碍となって現れた。その目に見えない障碍こそ、皇太子ご夫妻が遭遇する苦しさに通じたのである。

反発感は松平信子の心情で大爆発を起こした。信子が本能的に思った気分とは「皇太子さまがおかわいそう」という極めて心情的かつ一方的な愛情の深みにかき鳴らされる弦にこだました。彼女の演奏したがる優美な音曲に不協和音を差し挟むトゲが東宮妃そのものという不幸な事態に、彼女は撞着をきたしたのだった。その挙句の果てに蓄積される不満を起因とするいら立ちは、ついに女性らしい仕種へと落ち込んで行く。

松平信子の邸に、東宮女官長牧野純子や他の女官クラスが寄り合う姿がそれであった。

彼女らの交わした話題は伝播性に富んでいる。「やはり難しいお立場で遊ばされますから……」と語られる格好の話題が面従腹背の痛快感を伴い、酷薄を押し包んだ仮面によって伝えられるにつれ、徐々に散り落ちる情報はやがて週刊誌ジャーナルの網に引っかかり、誌面に反映する形をとるのだった。

このときに至って、新聞、通信社が代表する報道界が、ご成婚の盛儀を境に皇室報道と縁を絶つという現象が本格化する。いったんお濠の中に入った〝シンデレラ姫〟について、週刊誌、月刊誌以外のマスメディアは追跡の労を取ることをやめた。

逆に義宮妃選考取材を通じて、東宮妃決定の余波と反動のすさまじい現実に、その驚きを内包しながら沈黙を守ったのである。

このような流れを背景に、政治的危機感を高め、ついに見果てぬ夢を市ケ谷に散らした人物が三島由紀夫だった。

学習院の同窓会に「縦の会」と呼ばれる集まりがあった。卒業年次を特定教師が受け持った年次の集まりであったかと思う。その場では三島も皇太子としばしば同席し、美智子妃ともお会いしている。三島が「楯の会」を組織した裏にこの関連があったかもしれないと思うのはまゆつばとしても、三島は皇太子に注文を付けるに急なところがあった。

三島は別として、週、月刊誌上に登場した酒井美意子[註3]や、いわゆる評論家クラスの皇太子について何等かの形で提言した人々の発言は、おおむね旧体制派の代弁人だった。彼らの思考線上を追っていくと、各人それぞれの鋭い嗅覚がかぎつけた皇太子批判が、先に要約した情報の在りようとオーバーラップすることに気づく。

彼らが接触する情報源は、学習院出身関係者や時には皇族の縁故を網羅する。おおむね天皇制擁護の保守本流を自任する人たちにもかかわらず、彼らの理想とする天皇（制）像が現皇太子を拒絶している。

言い換えるならば、皇太子のイメージが彼らの抱く皇室像に合致せず、天皇制にそぐわない。皇太子はどこかで、彼らとの接点を外してしまったかにみえる。では、皇太子が育くんだ価値観とは何か。「知られざる皇太子」（編注・本書初出時の連載名）はこの問い掛けを根に、執筆が続いているといってもいい。

◈註3……侯爵・前田利為の長女で、女子学習院では昭和天皇の第一皇女・照宮成子内親王と同級だった評論家。26ページも参照

夫に〝添う〟ことを体現された妃殿下

かく濡れし　遺族らと祈る更にさらに
ひたぬれて君ら　逝き給ひしか

昭和三十四年四月のご成婚から、ことしで二十年の歳月を刻む。折に触れて発表された妃殿下の和歌から一首を選べと言われたら、筆者はちゅうちょなく冒頭の歌を推す。いつの日か、遺族たちと、国のために散った勇士に祈りを捧げた。雨滴に身を曝しながら、命を絶った者を思う。その心の限りない、くもりない精神世界はひたむきであり、愛に裏打ちされている。遺族の悲しみを覆い尽くし、一歩進めて、痛恨に触発された生ある者の身をよじるような哀切がうたわれている。

この歌には、国母たる女性の有資格性がにじみ出ていはしないか。静かな感動が真一文字に押し寄せ、作者の人柄に、思わず信頼を置かしめる情感の波を覚える。自身を殺した抑制の深淵に誘われて、なおかつ歌う者の姿を大きく浮かび上がらせる歌相……といえようか。

美智子妃は夫君皇太子が発言の場合には、いつもお顔を右斜めに垂れがちに、すくいとるようなしぐさで耳を傾けられる。一言一句、全身で吸い摂り、しかも自ら、支柱たるの役割から逸脱しない。公けの場でも、家庭の内部でも、この姿勢にはいささかの変化もない。妃

昭和34年4月10日、結婚の儀

殿下がゆっくり「それで？」と話をうながされるとき、夫はいつも活き活きとしてみえる。〝添う〟ということを体現したのが妃殿下の二十年だったかもしれない。

以前、皇太子の和歌に触れたことがある。妃の内部には音を合わせる歓びを味わう素養が自然に備わっているように見受けられる。多分それは、限りない優しさが、人間関係において発動されるとき和音となって表出される、といったものだ。それは、ときに創造性、能動性となって詩作や作曲の形で内面世界の結晶化として現れ、ときに受動性、調和性への方向で集団の潤滑油たる役割を課すようである。また、素直さと同意義の、常に妙なる音をかき鳴らさずにはいられない心の琴線は、発見、再発見―受容、応用―摂取といった方向に働くのではないか、と思わせる。例えば、お針供養といった庶民文化の伝承に気がついたとき、妃の内面では「東宮御所という生活への摂取、実施、自からの手による伝承」へと反響するのである。

最近鬼籍に入られた歌人五島美代子さんはお妃教育時代から妃の歌道指導に当たった。夫茂氏が昭和二十三年、皇太子の師となったことを思うと、皇太子ご夫妻の内面世界にやや具体的な足掛かりを得ることができるようである。

美代子は元東大理学部長五島清太郎の長女で、大正四年、佐佐木信綱博士の門下生となった。昭和三十年から朝日歌壇の選者、三十二年から宮中歌会始の選者をつとめ、茂氏と歌誌「立春」を主宰した。読売文学賞、紫綬褒章などを受けた歌道の第一人者。

故人が正田美智子の婚約整った後、正式に和歌の先生になってほどなく、新弟子の筋の良さに驚嘆したことはよく知られている。嫁ぐ日に万感の想いをこめて贈るものを、自作の和歌と決めた妃のために、五島美代子は百首を選んであげる。妃は丁寧に清書し、装丁して東宮御所の主に贈った。

美代子の言葉によると、新夫が新婦に語りかけた結婚式典後初のささやきは「あれ（歌集）をありがとう」であったという。白球を追った日々、白樺に将来を見詰めたお二人は、ご成婚直前には歌のみやびな世界に塗り込められている。

艶書の儀——。

妃が初めて東宮御所にあがるに際し、前日東宮から受けた歌一首に対し、返歌する儀式のおり、皇太子は「待ちに待ったあしたの来るきょうのよろこび」をてらいなく歌ったのだが、妃は美代子の指導なしに次の返歌をさらさらとしたためたものだ。

たまきはる　いのちの旅に吾《あ》を待たす　君にまみえむ　あすの喜び

五島は四十九年十一月二十五日号の『ヤングレディ』誌上で解説している。

「″たまきはる″はいのちの枕言葉で、東宮さまがご自分を待ってくださっている長いご結婚生活をいのちの旅と表現され、その東宮さまのもとにあすおあがりになることをお喜びになっているという、心情のこもったご返歌でした。

自然に贈答歌の形式を踏まえたご返歌になっていますが、非常に人間らしくてよいお歌だと思います。独力でお創りになったこのお歌を、後から承って、私は大変にうれしく感動したものです」

浩宮の寒稽古に寄せる歌のしらべ

三十四年四月十日のご成婚、三十五年二月二十三日浩宮徳仁親王ご誕生、同年九月日米修好通商百年の記念訪米……と、ご夫妻の新生活は軌道に乗る。この間、社会的に美智子妃の文化活動が注目を集めた例に、四十一年二月十八日、ご自身で作詞された「ねむの木の子守歌」の著作権を日本肢体不自由児協会に寄附したこと、皇太子作詞、妃殿下作曲「歌声の響」が五十二年六月二十五日、藤楓協会創立記念式典で一流歌手によって披露されたことの二例があった。

後者は沖縄のハンセン病施設に贈られた皇太子の琉球韻による詩に、琉球音曲風の曲をつけたもので、患者たちに愛唱された。妃は桑島すみれに師事してハープを演奏されるほか、ピアノの素養も深い。かつて小泉信三は学習院関係者の集まりで、にわかに「君たちは詩を作りますか」と問いかけたことがある。

三十人ほどの席だったが、答えはなかった。小泉は「殿下は詩をやっていらっしゃる。君たちも詩をやりなさい。俳句、和歌なんでもいい。かなめは詩を作るという、その姿がいいのだ」。

四十四年四月といえば紀宮さま出産の月に相当するが、宮内庁病院入院の母を見舞って浩宮、礼宮の兄弟は父の住まう東宮御所との間を往き来した。

母住めば　病院も家と思ふらし　「いってまいります」と　子ら帰りゆく

この歌にはわれわれの持つ母の姿が、そのまま芳香を放つ。そして紀宮が隣の小さなベッドにすやすやと眠っている様子は次のようにうたわれた。

部屋ぬちに　夕べの光　および来ぬ　花びらのごと　吾子《わこ》は眠りて

そのあした　白樺の若芽黄緑の　透《す》くがにおもひ　見つめてありき

三人の子を育てる母の姿は長男浩宮が剣道の寒稽古に立ち向かう十日余り、毎朝五時に起き出して朝食を作るさまに凝縮する。子が早立ちの折、夫妻は必ず玄関に立ち息子を送り出すのである。

剣によする　少年の夢　すこやかに　子は馳せゆきぬ　寒稽古の朝を

皇太子は愛する妻を守ることに勇敢である。三人の子を育てるのに真である。かつて、天皇の子らは親許から引き離され、厳しくも苛酷な教育を受ける運命にあった。

皇太子は敢然として皇室の伝統に挑戦した。子は親が育てるもの。この方針を堅持した。半面、情愛に結ばれた親子の絆に加えて、伝統のあるところも摂り入れた。侍従浜尾実氏に浩宮の教育を委《まか》せる、ということもその一つであった。

美智子妃を守る闘い

美智子妃殿下の人柄を偲ぶとき、筆者はどういう訳か「かぞへ歌」を頭に浮かべる。まだ五つぐらいのころ、兄弟、従姉妹らと並んで座らされ、少し猫背加減に優しい微笑をほころばせて歌う祖母の口許を眺めながら、ともに和した記憶も、自然に思い出される。優しく明るい東宮妃の近代的な装いの下に、しん張り棒のような確かさを覚えると、その依って来るものの普遍的な力に昔の教育歌が重層するのを感知する、とでもいおうか。

くどいかもしれないが「ドレミの歌」のつもりで誌上採録を許されたい。

一つとや　人人忠義を第一に　あふげや高き君の恩　国の恩

二つとや　二人のおや御を大切に　思へやふかき父の愛　母の愛
三つとや　みきは一つの枝と枝　仲よく暮せよ　兄弟・姉妹
四つとや　善き事たがひにすすめあひ　悪しきをいさめよ　友と友　人と人
五つとや　いつはりいはぬが子供らの　学びのはじめぞ　慎めよ　いましめよ
六つとや　昔を考へ　今を知り　学びの光を身にそへよ　身につけよ
七つとや　難儀をする人見るときは　力のかぎりいたはれよ　あはれめよ
八つとや　病は口より入るといふ　飲物・食物気を付けよ　心せよ
九つとや　心はかならず高くもて　たとひ身分はひくくとも　軽くとも
十とや　遠き祖先のをしへをも　守りてつくせ家のため　国のため

自分の出身が明治憲法下の皇族、華族につながらなかっただけのために、世間一般では〝シンデレラ姫〟と騒がれながら、表現できない精神的苦痛を味わわれた美智子妃に、筆者は「かぞへ歌」を呈しながら〝がんばってください〟と叫んでいるのかもしれぬ。

美智子妃を迎えた皇太子は幸福を掌中にした。妻をかばい、扶け、必要とあれば闘った。皇室の内部で東宮、東宮妃の保護者が当初から一人だけ厳然と存在した。いや、もう一人いた。一人は今上陛下であった、と筆者は考える。他の一人は当時の宮内庁長官宇佐美毅だったと思う。

東宮妃を守る東宮の闘いは、ことごとに異端視するに至る〝他〟、に対する東宮職の挑戦ともなった。図式で割り切ってしまえば、組織上は宮内庁（本省）と東宮職の対立ともなるのだが、ご成婚当初はさらに複雑な相関関係が根を張っていた。東宮職に〝差遣〟された特定個人と、それに連なる人脈連合対東宮ご夫妻プラス他の東宮職奉職者といった構図もあった。各宮家が直接、東宮ご夫妻に注意を申し上げるということはなかったかわりに、目に見えない圧力波がひたひたと東宮職に押し寄せる底無しの気味悪さが立ちはだかっていた。

そうは言いながら、竹を割ったようなご性格から、東宮が〝あのお方は話がわかる〟と高く評価する宮妃も存在した。〝敵〟と〝味方〟が入り乱れた格好の婚家の空気に、美智子妃の精神は安まらない。反動は意外と強く執拗であった。

三十四年八月十七日、妃殿下のご出産担当医に小林隆医博決定、九月十五日「妃殿下ご懐妊」の正式発表、三十五年二月二十三日男子ご出産。体重二・五キロ身長四十七センチ。陛下は二十九日、浩宮徳仁親王と命名された。

「神格化」と「マイホーム化」の間で

皇孫の誕生で美智子妃のお立場は確立されたものの、口さがない旧体制を血肉とした人々の冷ややかな視線に変化はまだ生じていない。四月十二日のお宮参りが終わって楽しい出来事が一つ加わる。新東宮御所の完成である。ご夫妻は浩宮を伴われ、常盤松の仮御所から六

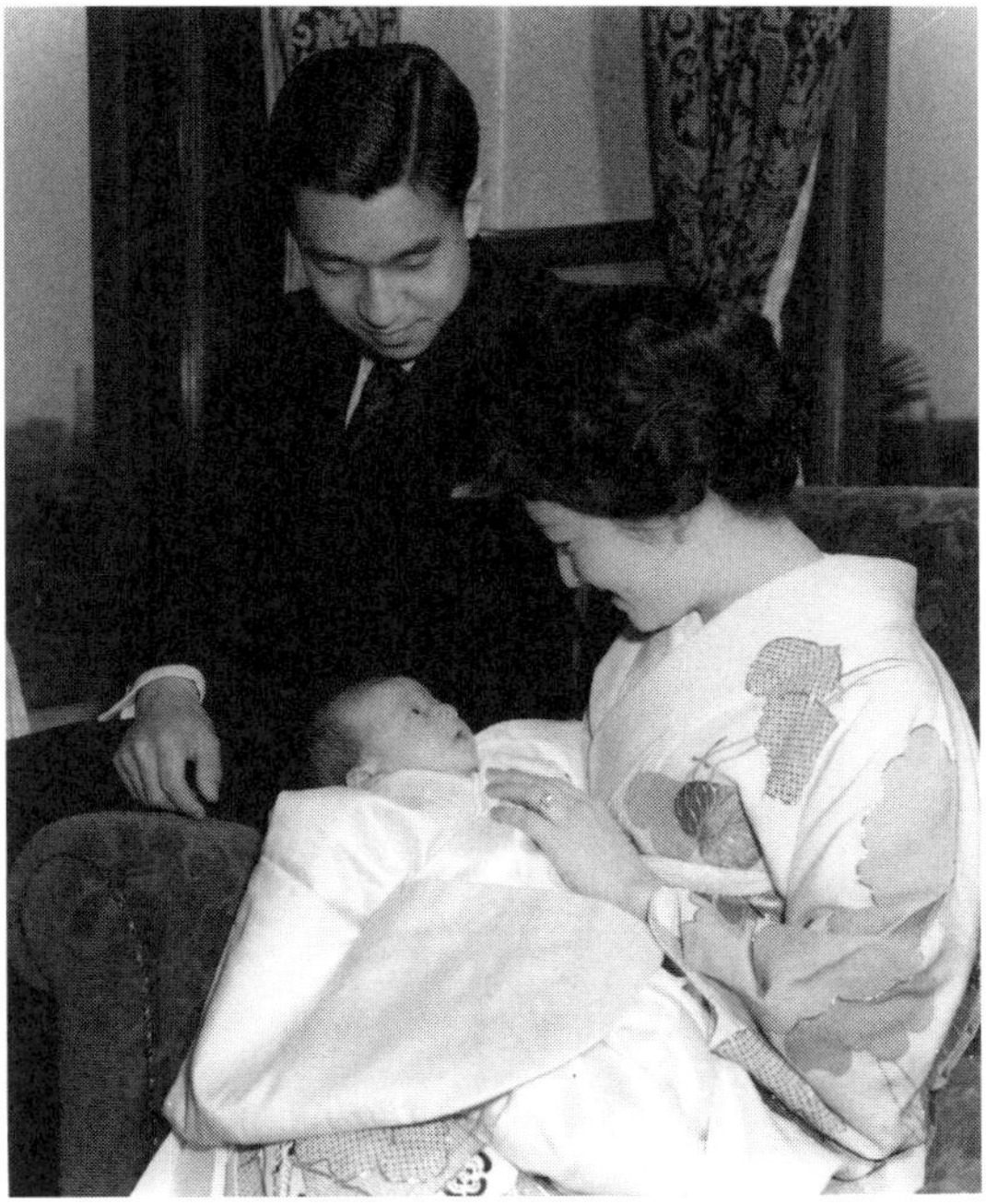

昭和35年2月23日、浩宮徳仁親王が誕生

月十八日引っ越した。

夏が終わると、皇太子ご夫妻による皇室外交の幕が切って落とされた。日米修好通商百年を記念し、アイゼンハワー米大統領に招かれ、九月二十二日から十月七日までワシントンなど七都市を訪問。暮れ近くには天皇ご名代でイラン、エチオピア、インド、ネパールへ（十一月二十二日―十二月九日）。翌年一月にはパキスタンとインドネシアを、十一月には、対日感情が極端に悪かったフィリピン公式訪問で日比間新時代確立の端緒を築いている。

これに先立つ十月、有名な育児書の一つとなった『ナルちゃん憲法』◆註4が世間の話題をさらったものだ。外出勝ちなご自分に代わって養育に当たる人に「一日一回はきつく抱き締めてあげる」ことなどを指示しており、美智子妃の母性がこれほどの輝きをもって一般人の胸に刻まれた例も少ない。佐藤侍医による紹介であった。

東宮御所の奥の生活にあって、美智子妃が東宮の導きで築いていた家庭はたいらなものである。ただ世間の風に触れるところで妃の歩まれた道は九十九折《つづらおり》の枝の下道をはうようなはっきりした変化が認められた。三十八年三月四日、宮内庁が二度目のご懐妊を発表し、同月二十二日、異常妊娠とわかって宮内庁病院に入院されたころ、妃殿下の周辺に重くたれこめ

◆註4……訪米などで皇太子夫妻の留守中、養育掛によって浩宮徳仁親王の育て方に違いが出ないよう、美智子妃が書いた育児メモ

夫妻による初の皇室外交でアメリカを訪問

る暗い空気が澱んだ。四月十七日には転地療養のため葉山御用邸に籠もられ、ほとんど単身で心身の傷を癒された。

七月二日二ヵ月半ぶりに東京に戻るまで、妃殿下の心の均衡は右左に揺れ、振幅激しい時期であったと伝えられた。快復したのは妃の努力の賜であり、夫君東宮の広い心と愛の力が強い支えとなったためである。

世間では、そのころチクチクとトゲのある言辞が流れていた。筆鋒鋭く書きまくっていた藤島泰輔は次の文を発表している。

「私ども、いわゆる週刊誌天皇制を否定する立場の者にとっては、昨今の殿下のご消息は天皇制の将来について悲観的にならざるを得ないものを含んでおられます。表面に現れただけでも、プレ・オリンピックの際に（注・昭和三十八年）妃殿下とデュエットでスケートをなさっていらっしゃる写真などを拝見して、なんとも複雑な気持ちにさせられております。殿下のご婚姻以後のご消息は、私ならびに周辺の人間を悲しませ、いらだたせ、憂慮させております。ただの人間になってしまったら、私たちは何をよりどころにして、皇太子を支持していったらよいのでしょうか。皇室を敬愛する日本人にとっては、シンデレラ物語は不要なのです」

開かれた皇室への願望が一方で根強く働いている日本に、天皇や皇太子がパーソナルな存在であってはならないとする〝神格願望〟が並立している。女性週刊誌が競って皇太子ご夫妻のグラビアや物語を提供するなかで、当時の世間が皇太子に抱いたイメージは〝マイホーム化〟だった。家庭の楽しさや夫婦の愛を表現してはばからない皇太子に向かって「民衆の人気を博する方向に関心を向けるべきではない」と言いたい放題の批判も強かった。皇太子は反論が出来ない立場である。沈黙するしかない相手を見すかして一方的に論じるのはフェアでない。

一介の市民との共通項を外せと要求する一派の存在に、しかし皇太子ご夫妻が城を明け渡した痕跡は認められない。

認識を一新した黛敏郎の皇太子妃論

「東宮御所に、佐藤春夫、吉川英治の両氏とお招きを受けた時、足の悪い佐藤氏が回廊で杖を落したのを、妃殿下はすぐ拾ってお渡しになった……」。三十六年五月十二日の一夕をめぐって、エピソードを綴った川端康成は美智子妃の心からなるファンであった。

かつては「皇太子は極端なことをいえば、人間であってはならないと思うんです」とまで語った作曲家黛敏郎は四十七年ごろ、音楽評論家野村光一、作曲家團伊玖磨と東宮御所に招かれた瞬間から、非常に控え目に、皇太子を常にたて、夫を動きやすいよう働きやすいよう心掛ける美智子妃に、まるで魂を奪われたように敬愛の気持ちを注ぐ人物となった。

その後も度々御所に招かれ、美智子妃も氏の人柄を信じて、胸中深く畳み込んでいたご心境を明かされるまでに遇した。黛氏が某誌の取材に応じた折、大変驚いた経験として、皇太子の頭脳明晰と博覧強記をあげ、特に歴史に関する認識の立派さに打たれたと語っている点が注目される。江戸時代の医学の話から、皇太子がターフェル・アナトミア（解体新書）について論じたことに意表を突かれての感想だった。

　黛氏は妃が「御所に上がってから……」「こちらへ上がる前は……」としばしば表現なさることに気づき、「〝上がる〟という言葉がひんぱんに出てくるのをみても、一般から妃殿下に選ばれて御所に上がり、二千年の伝統をもつ皇室に、いかにして融けこもうかと苦慮なさっていることがわかる。一部では、皇室の民主化の先兵であると思われている妃殿下だが、事実はむしろ逆で、皇室の伝統にとけ込み、殿下を非常にお立てになって、少しでもお力になろうとしている姿勢がよくわかる」（『ヤングレディ』、昭和四十九年十一月十八日号）と述べた。

　しかし黛氏が心底から美智子妃の精神世界のありようについて理解したかという問題は、氏の「自分は聖心に学んで、洗礼をこそ受けてはいないけれどキリスト教を大事に考えた人間ですが、神道の本宗たる皇室に皇太子妃として迎えられた瞬間からキリスト教とははっきり縁を切っているつもりです」という引用に触れたとき、疑問とならざるを得ない。筆者の理解とは根底から違うからである。

　黛氏が「実際にお目にかかってみて、マイホーム化された、民主化されたシンボルであると浅薄に一部にいわれている皇太子殿下、美智子妃殿下が、実際はそうでないのを知って、とっても嬉しかった。私にとって妃殿下はあらゆる意味からいって、日本女性の理想的な代表であり、古代からその時代時代のいちばんすぐれた女性が皇室と縁を結ぶことによって、その血縁の比類ない優秀性を保障しつづけてきた天皇制の伝統にまことにふさわしい方と考えています」と認識を一新された点は、まことに結構である。

だが、美智子妃における宗教問題が同氏の引用するように、一方の切断、他方の受容といった割り切り方で描けるとは、とても考えられないのである。

はなはだ困難かつ微妙な問題なので億劫ではあるが、ここでハードルを乗り切れないと前に進めない。筆者の私見を土台にして、堅城に迫ってみたい。

妻として、母として

これまで、折に触れて示唆した通り、美智子妃が御所に上がって以来、もちろん、私的感情からではないであろうが、美智子妃を批判する人たちがいた。藤島らに代表される人々を指す。彼らの発想は実体に通暁する手続きを当初から除外されていたため、誤情報と先入観とがやかましく奏でる狂詩曲の趣きを呈した。

美智子妃は次第に、皇室評論の名を借りた人々がどのように書き、話をしても、もう一切構わないではないか。このような人たちにかかずらって、そのためにより大切なものを失うことをこそ恐れる——というお気持ちに、到達されたと考えている。

一つの達観だが、そこに至る心の道程は長く苦渋に満ちた足取りであったといえる。なぜならば、美智子妃の内省に、藤島らの発言に代表される妃への嫌悪が国民の間にもあるのではないか、もしあるとすれば……との問い掛けが頭をもたげるのを避けようもなかったと察せられるからである。

妃殿下が懊悩を極められた問答が、筆者には鮮明に、明らかな文字となって具象化する。それは自己の存在への懐疑ではなかっただろうか。妃殿下が殿下のおそばに身を置かれることと自体が、殿下にご迷惑をおかけしているのでは……と問うお姿。外界の冷酷な言動が幸せであるべき妃をそこまで追い詰め、苦悩の淵に突き落とす破壊力を伴っていたと解するならば、その責を負わねばならない者が誰か自ずと分別できるはずである。

ご成婚の前後、マスコミは筆をそろえ、皇室の民主化という視点を中心に据えて報道している。美智子妃は国民の代表であり、新東宮妃によって皇室が改革されるだろうと熱っぽい期待を抱いた。お濠の外にいる大多数の国民は美智子妃が皇室を改革する気持ちでお濠の内に入ったとみた。

事実とはあまりにも距《へだ》たる評論の先行ぶりであった。美智子妃の考えとはまったく違っていた。相違が明確になればなるほど、本人が覚える重荷は肥大化する。

美智子妃は結婚を承諾なさった瞬間から、東宮さまに従うという気持ちを通して来た。他に尊敬する人たちはいるが、東宮ほどこの日本を考え、日本の現状を憂え、幅広い勉強を重ねている人はいない――との固い判断に立ち、殿下のお気持ちに添い、殿下のお考えのなかに包まれ、殿下に〝静かなご生活〟を造っていただこうと念じて、今日まで生きて来られたのが美智子妃の真のお姿である。

だからこそ親子水入らずの生活をさせていただいているのだ――という現状についての認識が深まる。子供らの教育方針などを、美智子妃が決めたように受け取られたことも、妃にとっては無念であったろうと推察できる。妃殿下はそのようなお人柄ではない。むしろ、次のように把握すべきではないだろうか。

つまり、最初は東宮殿下の愛を発見し浩宮、礼宮、紀宮らをお産みになれば子供たちへの愛を知る……という形で努力を重ねてこられた妻として、母としての足どりであったと。

その根拠は何か、と問われるかもしれない。それならば、どうしても黙したままではいられない。かつて、直接、妃殿下は筆者に「私は東宮さまのなされようを、妻の立場で添っていくことを、念頭に置いていました」と話されたのだ。

美智子妃の努力のなされようを正当に評価した第一級の理解者が裕仁天皇陛下ご自身であったろうとは、既に触れた。

陛下はまた、美智子妃の内部に形成され、精神世界で会得された内容についても〝そのままでよいのだ〟と強く支持されていると承る。お濠をわたっただけで過去を断ち切れるものではないことを、次に考えてみたい。

さりげない夫唱婦随の姿を見た

黒いスカートと白のブラウスは、美智子妃が思春期のころから着用しているさまざまな色彩の衣装のなかでも、基調を占める。外面的には肌の白さをこよなくひきたたせ、内面的には清潔な性格、物おじしない性向、人の善意を受けとめる包容性、芯の強さをくっきりと浮き彫りにする。

家庭で身につけた躾をちゅうちょなく家庭外の世界で実践し、身を誤またないばかりか、ほんのささいな心くばりが周囲の人々の賞讃の的になった。妃の昔を語り、今を語る人々に共通する項目とは、不変の自然さであり優しさといえる妃に備わった魅力である。

共同通信の外信記者亀山旭は外信部長だったころ、先輩の岩永信吉に伴われて東宮御所を訪れた。ベトナム情勢について話を聞きたいという東宮側の要望を知った岩永が亀山を口説いた形であった。岩永は皇太子の戴冠式外遊に同行したのが縁となり、東宮の信任を得た。共同労組書記長、駐ソウル特派員、ゲバラを追った南米行、戦火のベトナムで二度のサイゴン詰めを果たした亀山は、一見、近寄り難い凄絶さを身に漂わせた記者である。

風貌はいかつく色が黒い。こうと信じた事柄について相対するとき、その迫力は追随を許さないエネルギーをたたえる。半面、心の細やかさと豊かな感受性を持つ男だった。涙をためらわず流せる男だと言ってもよい。常に自然体であり根が親切心に満ち満ちている。

生後まもない紀宮も一緒に、一家で団欒

別室で当夜の次第を聞かされた亀山は岩永の後にくっついて会見室に入る。亀山に一種の構えがあったことは否めないだろう。皇太子について彼が耳にしていた風評はロクでもなかったからだ。

一通りの挨拶が済んでそれぞれが席を占めると、甘菓子が出た。酒飲みの目にはありがたくない。その表情が現れたのであろう。「亀山さん、お酒がいいですか」。東宮はすかさず言った。

亀山は内心オヤと思う。気が利いていると考えたとたん、緊張も緩んだ。「できればそうしていただけると有り難い。水割りをいただきます」と受けた。

自然なくつろぎようを示した東宮の側にも当夜は多大な期待がある。概して役人の話は単調で、あまり面白いとはいえない。自分の前でごく自然にふるまう余裕もあまりない。その点、新聞記者は興味津々な対象だ。いささか無礼であるところが面白いし、話も具体的だ。亀山はまさに期待通り、見聞や体験を織り込んで皇太子を自分のペースに巻き込んでいった。銘柄はわからないが洋酒の味も良かった。会話はなめらかに進んだ。

話を進めながら、亀山は従来持っていた皇太子観を徐々に修正する作業を重ね続けていく。質問が的確なことから知識の豊富さが裏付けられるのである。日頃の勉強ぶりと理解の仕方がうまく噛み合って、亀山の話を一層面白くする。「これは大変な人物だ」と判じた亀山も素直な性格の持ち主だったといえる。美智子妃はなかなか登場しなかった。今夜は皇太子だけなのか……と考え始めたころ、ドアが開いた。

「その挨拶の一言がまことによかった」と亀山はいまでも述懐する。

美智子妃は、子供たちを寝かしつけていましして、ちょっと手があきませんでした、というような、ごくあたりまえの口上をサラッと述べられて、ご主人の隣りに坐り、早速会話の席に滑らかに加わって来られたという。

部屋はさらに温かさと輝きに華やいだ空気を増し、亀山は幸福感に満たされた。皇太子の人物に〝できる〟と感じ、皇太子妃がかもし出す雰囲気に夫唱婦随のさりげなくも重要な妻の在り方に新鮮さを発見し、幸せだったのであろう。

神道とキリスト教についての妃の認識

しかし、東宮御所を訪れる全ての人々が亀山の受けたと同質の反応を示すとは限らない。外務官僚N氏の場合、極端な拒絶反応を生じている。何があったのかN氏は多くを語らないが、どうやら東宮に冷ややかな仮面のような無感動の人間性を感受した様子である。

筆者には大体の見当がついた。東宮には昔から極端なまでの二面性が内包されている。気分が乗らないとき、興味が持てないとき、何か不愉快でたまらないとき、東宮は手の平を返したような酷薄な表情で全人格を押し包んでしまう悪いクセがある。もう長年にわたる修練で克服したろうと判断していたが……。もちろん、たった一人の皇太子が無限に近い面会者と会うのだから、ときに、放心の、あるいは無感情の姿を曝すハメに陥るのもやむを得ないが、相手はまず一生に一度の機会に全身で臨んでいる状態に注意を払うべきである。その一人が〝皇太子の印象〟を自分の周辺に伝える。伝播力は強烈だ。相手が誰であれ、皇太子は人と対するとき、全努力、全能力をふりしぼって真剣に立ち向かわなければならない。N氏は「お優しい常陸宮[註5]の方がずっといい」と言っている。そして「美智子さまはいい方ですね」とも。

皇太子妃は、皇太子が学生時代学習院院長を務めた故安倍能成について、学習院の学生は正直と素直に徹し、貴族精神を維持しなければならないとの趣旨を教えの根本とした人物、と解されている。

右の解釈で学習院関係者への評価の尺度が形成されるという意味で、敢えて例示してみた。そうなると、嘘を平気でつき、人をおとしめようとするような人と安倍能成の教えとをどう関係づけるのか、なぜ故人の教えを汚す人が学習院の仲間うちで許されているのか、妃の心中、葛藤を生じることが明らかとなる。

妃は東宮のなされようを妻の立場で添っていくことを念頭に置き、東宮のお考えの中に包まれ、夫に〝静かなご生活〟を送っていただこうと念じて、今日を生きておられる。多少の繰り返しを許していただくならば、人間、誰でも過去をすっぱりと断ち切れるものではない。妃が結婚されるまでに精神世界で会得してこられた価値観は、聖心という学校も含めてキリスト教にあった。偉大な先生方に恵まれてもいた。

しかし、妃は現在でもまだ、洗礼を受け得るまでキリストに認められるほどの水準に達していると到底思えないとの謙虚な自己分析と同様、当時も洗礼までは踏み切れなかったのだった。

もちろん、内村鑑三のような無教会派の激しさとは無縁で、カトリック世界のキリスト教を指されていると思考するが、妃はいまでも、キリストに殉教するほうを選ぶのが妃の真の姿との確信に支えられた女性、と筆者は判断する。これは妃の節操と称すべきである。節操は尊ばねばならない。

しかも、妃にあってこの気持ちは信仰の問題ではない。実は思想の自由の問題である。加うるに、神道がどこかでキリストの世界ともつながることを認識し、皇室が神道を継承しなければならない責任を負うという、明確な認識を抱く女性であることを、強く指摘しておきたい。

和解させた山田侍従長の計らい

光文社のカッパブックス・シリーズ編集で鳴らした長瀬がまだ若年の駈け出し時代、イン

◆註5……昭和三十九（一九六四）年、義宮正仁親王が津軽華子さんと結婚し、「常陸宮」家が創設された

ドを旅行した。皇太子が結婚の甘さを嚙みしめていたころのことで、帰国すると、自ら撮影したさまざまな姿態の歓喜仏を引き伸ばし、報告を兼ねて訪問した。

旧学友を定義すると、会いたい旨希望すれば皇太子に会えるという立場が、一般の人と少し違う人々ということになる。長瀬は皇太子が歓喜仏にどのような反応を示すか、興味を抱いた。予想に反して、皇太子はたいして面白がらなかった。どのようなポーズも経験済みという顔をした。「彼は既に奥儀を極めたようだ」――と長瀬は一部の友人に語る。

本庁の侍従職から東宮侍従長に転じた入江相政の親友山田[註6]は、ご成婚の内祝い直後から完全没交渉となった皇太子と橋本の関係をバカげていると考えていた。なんでも、本来招きたくもない橋本に招待状を出したばっかりに、内祝いの席で再会した二人がみっともない争いを演じたとかで、本人同士、かたくなに構えたままなのだ。

全く突然に、共同通信社会部の席にいて、山田の電話を受けた橋本はびっくりしなければならなかった。学生のころ、同侍従長に低能児という怪しからんあだ名を奉っていた橋本は、まず懐しさが先に立ったが「話はつけてあるから、すぐにでも殿下を訪ねなさい」と言われて、鼻白んだ。要するに、反目していてはつまらないではないかという。金輪際、あんな男に二度と会うものかと意を決していた橋本は山田の申し入れをひどく迷惑に思った。

抗弁しても山田はハナから相手にしなかった。用件を繰り返すと彼は電話を切った。それにも拘わらず、橋本は侍従長のあっせんを無視した。二週間たった。また社会部の電話が鳴る。「なにをぐずぐずしているのだ。まだ会っていないな。今晩にでも訪ねなさい」と強硬である。その迫力には屈しなければならない。有無を言わせない圧迫を覚え、侍従長の顔を立てないとまずそうだと考えたとき、長年蓄積していた緊張が崩壊していくのを橋本は感じた。

東宮職のダイヤルを回し、今夜お訪ねすると職員に告げた。国鉄信濃町駅から明治記念館沿いに歩き、正門の警官に来意を告げて東宮御所に入った橋本はうっそうと茂る樹木を仰いだ。初等科のころ週末におよばれを受けて遊んだ当時の赤坂離宮内庭を想い出した。この辺りで雲母を拾ったこともあったと思う。新東宮御所を見るのは初めてであった。

表御座所を素通りしてピアノを置く中二階から応接室に降り、さらに奥の、ガラス張り魚室を壁に埋め込んだ応接間のドアのところで、侍従に軽く制された。「橋本さんがお見えです」と侍従だけ先に入って、すぐ出て来た。入れ替わりに足を進めた。

皇太子は立っていた。橋本を見ると、微笑んだ。橋本も自然に笑った。笑って近づき、握手した。そして言った。「根負けしたよ」。皇太子も言った。「すべて水に流そう」——。

その後は、一切、余計な挨拶めいた言葉は二人の口から出て来ない。手で座れとの仕種。向かい合って、しげしげと見詰めると、橋本はまた表情を綻ばせた。わだかまりは一気に溶

◆註6………山田康彦氏。昭和三十四（一九五九）年から四十年まで、東宮侍従長を務めた

解した。互いに近況を語り、夜の更ける足は速かった。

義宮妃選考に挫折した侍従職

これまでの間、清宮《すがのみや》貴子内親王と島津久永の結婚◆註7などさまざまな変化が起きている。天皇ご一家の動きとしては第二皇子義宮正仁親王のお妃選考が進行中だった。同妃選考は東園基文侍従を中心とした。皇太子と義宮のご兄弟が手を携えて荒波に船を乗り出していくならば、皇室の将来も強固なものになるという認識は宮内庁の間で常識とされている。それには兄嫁が仲良く寄り添えるということも是非必要であろう。義宮のご性格、研究熱心といった面から、学者の家庭が当面物色されたのも故無しとしない。

しかしながら情勢はそれほど甘くない。美智子妃が苦労されているらしいという情報の浸透に加え、皇太子ご成婚への反発が強まっていた。それは単に「聖心に取られるな」というレベルでの反発にとどまっていなかった。皇室の在り方という本源的な問いかけに根ざした本格的な反省の様相を呈したのである。国民尊崇の対象が庶民と同様の社会からの立妃では宙に迷うという疑問を投げかけたとも言える。

◆註7………昭和天皇の第五皇女、清宮貴子内親王は昭和三十五（一九六〇）年、香淳皇后の従弟で、明仁親王の同級生だった日本輸出入銀行勤務の島津氏と結婚。皇籍離脱した

清宮貴子内親王と島津久永氏の結婚会見

既に清宮の夫は、旧階級社会では極めて低いとはいえ、皇后ご出身の人脈から誕生した。世間はスムーズにこれを受容した。「私の選んだ人を見てください」と爽やかな表現でこの婚姻を世間に押し出した貴子内親王以上に、声援を送り、ホッとしたのは学習院関係者であった。

皇族の妃は旧皇族、大名、公卿でなければ……という想いは案外と普遍性を持つ。それのほうが有難味があり尊敬できる。皇室の存在感を裏打ちする、希少性と結びつくから、考えやすい。学習院教授、旧華族、常磐会の主流は陰に陽に、義宮の結婚を、無階級化への歯止めをかける最後のチャンスという危機感を抱いて考察し、行動する構えを固めた。

反動の兆候は小泉信三博士やE・G・ヴァイニング夫人を批判する論調の形で闊歩し始めていた。論旨は鮮明であった。旧価値観の温存を図る意図の下で、皇太子の生き方を切る方向をたどり、旧体制派の代弁人が皇室評論の名を借りて誌面に登場した。

旧華族は天皇の藩屛であった。当然、国体護持に連なる思想信条を空気の如く吸っている。その意味では皇太子の味方のはずなのに、彼らの理想像たる天皇概念から皇太子の現実像は外れているようだ。妙なもので、辻褄を合わせるためか「皇太子は駄目だ」と矛先が短絡化する。なぜ駄目かというと「マイホーム・パパになったからだ」という。そしてマイホーム・パパにさせたのは美智子妃……という順序になる。なかには風貌その他、義宮に現天皇との近似点を見つけ「陛下に似ていない皇太子はいやだ」と感情をむき出しにする人々もいた。

彼等がやがて待ちに待った機会が到来した。それは天皇家に突如発生した宗教論争であったといわれる。筆者は第一章でその輪郭に触れているが、天皇の理解の深さに反して、皇族周辺が東園侍従、村井侍従に加えた圧力は頂点に達した。

「われわれの理想はついに挫折した」と村井は嘆じ、辞表を書く。キリスト教徒村井は義宮に注いだ感化力の結果にまで責任を持とうとした。義宮がキリスト教への傾斜を深めるにつれ、不用意にも「だからこそ姉上を尊敬する」とご文庫の集まりで発言されたことが、他の皇族方の誤解に拍車をかけた点で、村井は自責の念を深めたとみられる。

この時点で義宮妃選考の主導権は皇后ご一統の手に握られたと解し得る。兄弟の宮の結束を共通項のある妃で固めようとした当初の意図は崩れた。かつてふるいにかけられた津軽家が再浮上したのはその後のことである——。

仏語の他流試合で皇太子がトップ

東京で開催された国際ペン大会で知り合った駐日カナダ大使館勤務のショケット書記官夫妻から「いまは英語の能力を開発する時期。仏語には手を出さないほうがいい」と判定されて、橋本は留学を決意した。たまたまカナダ政府給費留学試験があり、関根と受験して最終の五人に残ったが、本国選考で外され、関根だけ海を渡った。

それから続けて二年、受験したが結果は同じだった。関根は岩倉と並び、語学の天才と称された。学生時分、関根、岩倉、吉岡、橋本は夏休みの前半を上智大の夏期独語週間に通い、後半をアテネ・フランセのラテン語講座に通ったことがある。橋本だけ劣等生だったのである。

この顔触れに皇太子、松尾文夫などが加わって高等科二、三年の際、仏語を第一外国語に選んだ。辰野隆、鈴木力衛、田島譲治など立派な教師に恵まれて結構力をつけた。三年生のとき、大学の仏文の連中の試験に出場したことがある。教師の一人が他流試合をさせたようなものだった。そのときトップを皇太子が奪った。二、三、四をわれわれが独占し、五位にようやく大学生が顔を出した。

昔とったきねづかで、ケベック州出身のマリー・ジョゼ・ショケット夫人に仏語を使ってみたのだが、軽くいなされたという訳である。二ヵ国語を使い分ける人種の出現は強烈な素材であった。

そのうちに一九六〇年が巡ってくる。組合の執行委員をやっていた橋本は青年行動隊長となり、樺《かんば》美智子の死亡時もハガチー事件の現場にもデモ隊の分隊長格で出没した。前後十三回国会周辺をデモし、機動隊や右翼ともみ合い、最後に七大紙の共同アピールで深い挫折感を味わう。秋になったら、国会で列国議会同盟（ＩＰＵ）の東京総会が開催された。橋本はそこでユーゴ代表団長ブラホビッチと運命的な出会いを持つ。

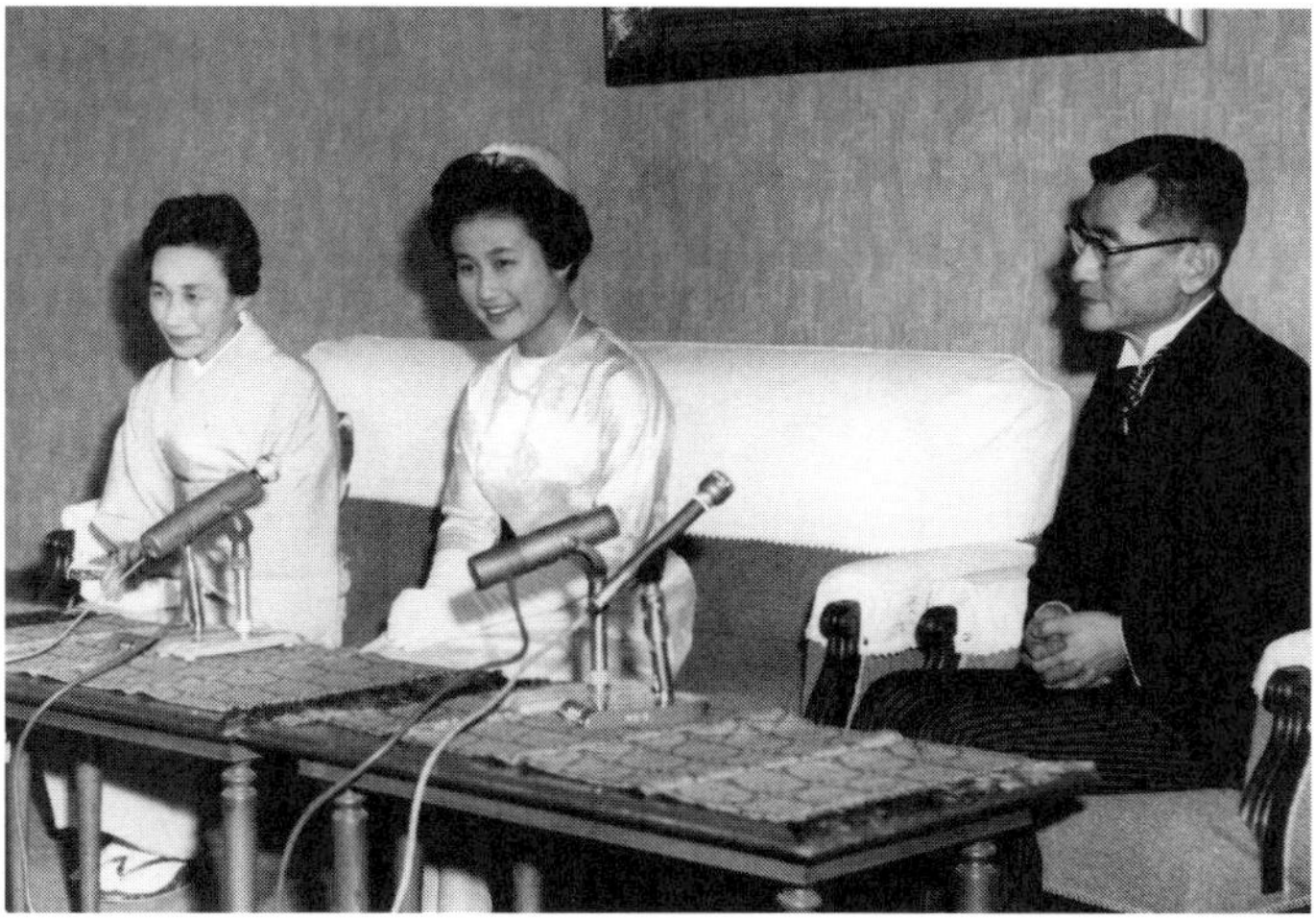

義宮妃となった津軽華子氏（中央）

彼は杖を頼りに歩く身体障害者だった。スペインの人民戦線に参加したとき負傷したが、その彼が橋本にこう語った。

「参加する前年だったか、国際アムネスティの世界論文コンクールで二位を得た。私に与えられたのは賞状のほか日赤経由で贈られた一冊のアルバムだった。少年少女の描いた絵などが収まっており、以来私は日本に憧れた。スペイン内乱のときも、ユーゴ人民解放戦線の折にも、肌身放さず持ち続け、ついに夢を果たして日本を訪れた」

こう言ってそのアルバムを示したブラホビッチは「出来ればこの作者たちに会って、一言お礼を言いたい。探してもらえまいか」と懇願するのだった。幸い島根県の、旧住所だが小学校名が記されていた。記事にすると、ほどなく関係者が島根県で名乗りをあげてきた。団長は一日、東京から一飛びし、県知事も交じえて歓談の機会を持った。

六〇年も暮れたころのことである。駐日ユーゴ大使館のヤキッチ二等書記官が橋本を訪れ、ユーゴ連邦政府による二年間の招待留学を申し出て来た。「お礼と受けとってほしい」と言うのだった。橋本は深く動かされ、社命が下りればOKだと伝えた。

その翌日、今度はカナダ大使館から電話が入った。「実は貴兄に今度新設された財界が母体の奨学生基金の第一回派遣留学生として日本から行ってもらうことに決定した。過去三回の試験で貴兄の実力はわれわれが承知しており、貴兄に最大の楽しみと驚きを与えるために、実はひそかに推薦し、きょう正式決定となったものである。早速ビザの手続きをするからお越し願いたい」という。

「ちょっと待ってくれ」と橋本は叫んだ。事情が判明すると、両大使館の間で争奪戦の展開を始め、橋本は窮して新井編集局長にゲタを預けることとした。待遇はユーゴが月額七十ドルの支給、カナダは月額八百ドルである。聴取を了えた同局長はユーゴ行きの裁断を下した。これまで短期にユーゴを訪問した記者はいるが長期に滞在した者はいない。だからお前、行けという。カナダはいつでも行けるし、カナダで勉強しても語学に強くなるぐらいのことだろうから……。そんな理由だ。

東宮侍従長のあっせんで橋本が皇太子を訪問したのはちょうどそのころだったようである。

「私はキリスト教を棄てない」

六一（昭和三十六）年、在京各社社会部は義宮お妃班を編成して、ポスト・ミチコの女性探しに躍起となり始めていた。この年の一月十九日、皇太子ご夫妻は初めて浩宮を伴われて正田家に里帰り。二月四日には美智子妃の護衛官に婦人警官が登用されて話題を提供している。ベルギー前皇帝レオポルド三世、ネパールのヒマラヤ殿下、エチオピアのアベベ選手（マラソン）ら来客が相次いだ。

当時、義宮正仁親王付き侍従は東園基文氏と村井長正氏。いずれも兄宮の継宮明仁親王が初等科を卒業するころまでの傅育官だった人々である。東園が北白川家のつながりで皇室にえにしの深い人物であるのに対し、村井は加賀百万石前田家八家老出身の学者だった。村井は竹を割ったような清廉実直の人で、部厚い眼鏡をかけ、風采はあがらない。乗馬を良くし、長身で姿勢の見事な貴公子東園とは好対照をなした。

昔日、村井は武蔵小金井の辺鄙《へんぴ》な町に義宮を伴い、貸し本屋などを巡ったものである。年代記風にいうと、若干前後の描写が不正確で申し訳ないが、橋本が三十六年秋、日本を去り、三十八年十二月帰国するまでの間に、前に触れたような宗教論争にまつわる変事が皇室内部で発生し、三十八年三月二十二日の「妃殿下、異常妊娠のため宮内庁病院へご入院」といった余録が付いて回ったことになる。

村井は当時「世間では既に経験済みだった親子世代の衝突という現象が皇居の中にも台頭した。そう考えていいのではないだろうか。しかし、陛下と義宮さまの論争は、逆に東宮さまと義宮さまのご関係をより密接にしたとも言える。ご兄弟の仲は確かなものだ」と心中を漏らしている。

東宮は弟宮の一種口の軽さが、実は一つの信念から発したものだということを兄弟対話の中から摑み取っていた。弟宮が義姉宮に覚える尊敬も愛情も、一点のくもりない心情から発しているとの確証を得たことは誤りのないところである。

ただし、ご成婚を決定する皇室会議であれほど注意深く舞台回しをやり、乗り切った東宮としてみれば、矢張り、ご文庫の奥深いところで弟宮が父親に向かって主張した「私はキリスト教を棄てない」との発言が、東宮家に及ぼす影響を慎重に見極める必要性を認識しないわけにはいかなかったであろう。

東宮は弟宮の弱い面、それは幼児期の小児マヒ症状を源泉とした苦しみだが、弟の内部世界で積み重ねられて来た思想信条の在り方に寛容であったと判断される。むしろ子供たちの間で強い連帯を持ち、今後さまざまに変革する日本社会における価値観と皇室像とをマッチさせる方向に思慮を働かすべきである。

村井はそれらを洞察して「皇室における世代の対立」と評したものと思われる。

第六章　沖縄への想い

「沖縄の姿を日本の子供に知らせたい」

東京都世田谷区の区立山崎中学校に山本和昭という英語教諭が奉職している。純情な熱血漢である。山本は自身が中学生のころから、一貫して学校新聞や学級新聞を編集してきた。新制第一期の東京学芸大在学中は大泉分校新聞の制作に励んだものである。

毎日新聞に学生新聞編集部が置かれていた当時の話で、各地の学校新聞関係者は毎日の支援を得、昭和二十二、三年ごろから大会を開くならわしであった。五十一年は愛知で第十九回大会、五十二年には東京で第二十回大会を開催し、全日空や日航と提携して東京と北海道の生徒交流を企画している。山本は常に中心人物だ。事務局長といった存在であり、学生新聞の実践面では扇の要の役目を負っている。

昭和三十三年八月、山本は沖縄タイムスの招待を受け初めて沖縄を訪問した。若い教師がとらえた沖縄の教育現場は、日本との格差の甚だしい大きさであったという。沖縄の子供たちが使っている教科書には日本の記述が欠落していた。米国留学制度が根を張り、アメリカ化の大きな影を落としていた。チョークも黒板もない青空教室を山本は見た。知念の浜辺では砂地が黒板代わりだった。しかし、沖縄の子らはまぎれもなく祖国日本の子らであり、その祖国が半ば失われている現実を前にして山本は「沖縄の子供らを日本に引きつけることができないものか」と激しい想念を燃やす。

帰国した山本は担任のクラスで沖縄を語った。教え子は大変な興味を示した。「先生、沖縄の子供たちははだしですか。英語を話しているのですか。何を食べているのですか」という質問に、同じ日本人でありながらあまりにも遠く距たった沖縄の位置を再認識するとともに「沖縄の真の姿を日本の子供たちに知らせたい」と彼は思う。

米国支配下の沖縄は当時、本土復帰運動を推進していた。独特の人なつこさ、情の厚さ、本土への愛着を山本は肌に強く覚え、日本国旗を掲げる運動の中に沖縄教職員組合の考え方が一致しているとみた。もちろん沖教組も内容はさまざまだったが、山本は一つの確信を抱く。

山本は日本と沖縄の双方にとって心の支えとなる共通項を求めて行動に移していく。本土復帰を目指してスムーズに事を運べる運動は何か。手紙の交換ではまだるっこしい。では里親のもとで一定期間を過ごす体験交流はどうだろうか。この方法なら、語り合い、直接友情を確かめ合えるのではないか。「できなくてモトモト……」、山本は日航本社、全日空本社に足を運んだ。

当時全日空は秋田の雪祭りを、日航は札幌の雪祭りを目玉に空の客誘致作戦を展開中だった。札幌などとの交換学生なら考えられるが国際線ですからねえ……と二の足を踏むのだった。山本は屈せず、関西汽船に話を持ち込む。反応は上々だった。「船代として旅費一人約千円ぐらいは私たちで出します。そのほかの費用をなんとか考えてくれないか」との山本の熱弁に関西汽船は好意を示した。

ここにおいて沖縄豆記者の本土訪問事業が陽の目を見るのである。相互交流を建て前としたから、まず本土の中学生徒が沖縄を訪問することになった。東京を中心にした六校三十六人の第一次本土豆記者沖縄訪問団は三十七年十二月二十五日、関西汽船に乗船して出港した。平良中、那覇中など七校二十四人、引率教師十一人の第一次沖縄豆記者本土訪問団は翌三十八年三月二十六日、那覇港を後にした。

対面に厳しい条件、宮内庁の厚いカベ

山本の心はふくらんでいる。山本の心底には折角沖縄の子供を迎えた以上、最も心を揺るがすような、また一生の想い出ともなり、心のささえに役立つ〝土産物〟の骨格が形をとってきつつあったようである。それは皇室との交流だったのだ。特に若い世代の精神的中心に立つ人との〝出会い〟が果たせたら、異民族支配下の沖縄の子供らにとってどれほど力強い

連帯感が育くまれるだろうか。

山本はためらわなかった。当時の徳安《とくやす》実蔵総理府総務長官の自宅を朝駆けし、宮内庁への労をとってくれ、と直訴に及んだ。「キミ、バカなことをいうなよ」と意表を突かれた徳安も山本の熱弁に耳を傾けるうちに考えが変わった様子である。「なんとかやってみよう」と約束した。

同じ月の二十二日、美智子妃は葡萄状鬼胎のため宮内庁病院に入院。皇太子も少なからぬ衝撃のさなかに身を置く状況だったと考えられる。前月、浩宮は三日バシカにかかり、東宮家はつきのない日々を送っている。東京見物に若い瞳を燃やしていた沖縄豆記者の一行に東宮御所へ参集せよとの内示が下った。

「私たちは全員コチコチでしたよ。ことに引率の先生方が緊張し切っていました。私たちは御所の庭先で待機していたのです。そこに殿下がお一人でお出ましになった」と山本は述懐する。四月一日のことであった。豆記者は順繰りに紹介された。皇太子は一人ひとりに声を掛けた。「出身地はどこですか」との問いに、生徒の一人は「宮古です」と答えた。固くなりながらも生徒は輝きを増していた。生活の状況を語り、「せいいっぱい生きています」と言い、「近い将来祖国に復帰したい」と訴えた。

第一次の引率教師がひどくびっくりした点がある。皇太子が生徒の一人に「平良市はヒラランと聞いているが、平良中はヒララ中か、それともタイラ中か」と質問したからだった。◆註1

皇太子は沖縄に関心を抱いている。それもかなり深いようだ——という印象を受け、目を見張ったのだった。皇太子は沖縄本島だけでなく、先島の様子も聞いた。宮古壊滅の台風被害のことも知っていた。

ついに一歩も御所内には入れなかったが、庭先での対面には素朴な感動があった。山本が多年描いて来た心と運動の軌跡が、この日、皇太子との接点を生んだのである。「沖縄に皇太子の心を大きく引きつけたのではないか」と山本は語る。皇太子も後年、「沖縄豆記者との出会いが私の心を沖縄に向けて開くよすがとなった」と述べている。

学校休みの関係と沖縄側の農閑期をねらわなければならない関係上、その後の交流は日本からの沖縄訪問生徒には十二月から一月、沖縄からの訪問団には夏が割りあてられた。

第二次沖縄豆記者の一行（普天間中ら六校十四人と教師七人）が到着したとき山本は前回同様、皇太子との対面を願い出た。意外なことに、宮内官僚は手厳しい抵抗を示した。夏場は軽井沢でご静養のことであり、前例がなくまかりならぬとすげない態度を東宮職はとった。山本は宮内庁長官を通して執拗に願いを繰り返した。なかなか埒が明かず、東京の赤尾旺文社社長に側面援助を求めてかけ合っているところに、急遽、訪問団の名簿を提出せよとの内

◆註1………平成の大合併により現在は宮古島市になっているが、平良（ヒララ）市にあった平良中学は「タイラ」が正式名称だった

示が飛び込んだ。翌八月二十日午後一時四十五分プリンスホテル◆註2に集合するようにとの話であった。

厳しい条件付きだった。写真撮影は不許可、面会場所はプリンスホテルの前庭、一切記録には残さない——の三点。宮内庁のカベは厚かった。しかし、皇太子は美智子妃とともに遠来の客と語った。

沖縄に伝播し始めた皇室への敬愛

にわかに日程を組み変え、軽井沢に駆けつけた二次、三次沖縄豆記者らの心情に、東宮職への恨みは形成されていない。ただし熱血漢山本和昭だけは別だった。血を吐く思いで資金を調達し、沖縄の子に〝心の希望〟を灯《とも》させようと苦心を重ねる山本にとって宮内庁が示した手ひどい、一種の酷薄な態度は決して心よいものでなかった。しかし山本は耐えた。いつかわかってもらえる、と信じたのは皇太子が毎回、極めて熱心かつ寛容で温かい姿勢を示してくれたからである。その一点に山本は賭けた。

東宮職は変わった。まず第一に手をつけたことがある。三十九年四月六日、本土から派遣した第一次、二次沖縄訪問豆記者十四人を合同で東宮御所に招いたのである。中学生たちが自分たちの眼で見た沖縄を両殿下に報告する体裁をとった。

皇太子は突っこんだ質問を浴びせた。中学生らのとらえ方、沖縄の教育施設を見て考えたこと、分宿先のこと、里親になった分宿先の人々の考え方を、皇太子は説明させた。そして『おもろそうし』◈註3から引用して話を展開するなど、この間、皇太子が蓄積した知識の深さが如実に言葉の端々ににじみ出ていた。

山本は多分、売名行為と嫌われた段階から脱却し得たのだ。喜びが彼の心を慰めた。もちろん、この会合は御所の内部で、室内で行われたのだ。そして沖縄派遣の豆記者らも第四次から公式の席を与えられる。

逆に沖縄では、参加生徒を募集する段階から、本土派遣の企画そのものに反対意見を唱える教師が激増した。この兆候は政治的風土を色濃く反映したものだった。本土復帰を口にすることがタブー視され、ドル紙幣が通用する沖縄には測り難い思考法が沈澱していた。

本土を実見した子供らや先生だけが、新しいものを持ち帰って来る。そのなかに占める皇太子との触れ合いの要素はかなり大きい。心情的に皇太子、同妃両殿下を敬愛する無言の約束が宮古島に、本島にと伝播し始めた事実に注目を払っておきたい。

第四次訪問団は初めて軽井沢静養先の東宮避暑地プリンスホテルの客間に通された。迎える側に浩宮が加わっていた。平良中の当間光枝が琉舞を舞った。宮古出身で城辺中の下地一

◈註2……軽井沢の静養先、軽井沢プリンスホテルのこと
◈註3……首里王府によって編纂された全二十二巻の歌謡集

美は東宮ご一家の優しさに包まれ、ぼーっとなった。このときから、皇太子夫妻は沖縄の子供たちにとって、里親となった観がある。全員を扱う里親、と言っていい。交流は細やかであった。愛情はまた密だった。

四十一年、台風銀座ともいわれる沖縄に大型台風十八号が来襲し、宮古島が散々な被害を蒙《こうむ》った。各地で義捐金を募る運動が起きたほど同島の現況はすさまじかった。山本は宮古の平良中学生と皇太子との出会いを思う。激励の手紙を頂けたらどれほど力づけられるだろう。山本は山田侍従長の後を襲った戸田侍従長に電話で訴え、東宮職を訪ねて同趣旨の陳情を重ねる。

山本の行動は、皇室と国民の関係を考察する格好の教材を提供している。〝開け、ゴマ〟を念じた一人間の熱意を感じて、従来カラをまとっている皇室が反応を起こすのである。山本の趣旨を理解した皇室はこの際、二つのパターンを編み出して能動性を発揮した。その一つは両陛下による見舞い金の下賜、もう一つは総理府が派遣した視察団に皇太子が見舞いの言葉を託するという方法だった。形はこれで整う。しかも戸田侍従長は山本に電話で返事をすることにより裏で血を通わせることを忘れなかった。皇太子の激励は宮古支庁長の部屋で伝達された。

「アーヤ」の心配り

毎夏、軽井沢の避暑で東宮ご一家と沖縄豆記者との交流が定着するにつれ、参加者も自動的に増えることになった。礼宮の参加がその例である。沖縄の子らは〝アーヤ〟と呼んで懐しがる。

妃殿下が「アーヤ、得意のトンボ返りをお見せしたら」とおっしゃったのです……。アーヤがしきりと炉端に行くのです。暖かい所から涼しい所に来ると寒いでしょうから、と薪をくべてくださるのです……。

沖縄の子らに焼きついた情景と心象は東宮一家のおもいやりと愛情にかかわる姿が多い。引率の教師の中には〝絶対に皇室にはまやかされたくない〟と固い姿勢をとる者もいた。ところが、富士五湖で子供たちを連れて洞窟を見たという差し障りない話をする教師に、皇太子ご夫妻はまるで争うように、軽井沢では浅間のこのコースがいいですよ、いえこちらのコースの方がよろしいわ……と自分のことのようにすすめるのだ。ほのぼのとした温かさに包まれる沖教組の強者共もいつしか考えを改めてしまった様子なのである。

第十四次のとき、沖縄の子らは〝てんさぐの花〟を歌った。沖縄返還を訴え、首相公邸でこの歌を唱和した折、時の宰相佐藤栄作はあふれる涙を白のハンケチで覆って慟哭《どうこく》した。哀調を帯びた琉球の調べに東宮も一家で唇を動かし、覚え込もうとし、一緒に歌った。

「もう一度歌ってくれませんか」美智子妃は所望した。数回にわたって「もう一度」「もう一度」と頼み、歌うのだった。先生が蛇皮線《じゃびせん》を奏で、生徒が舞う。石垣の白保中、池田豊吉教諭は引率者として深い感動に酔った。

かつて山本が全身をぶつけて実現に直線行動をとったとき、彼は「同じ血をわかちあってきた百万同胞が異民族の支配下に生活している現実。次代の日本を築きあげる若い世代の子供同士の相互派遣その交歓がいまこそ求められている。この実現こそわれわれに可能な最大の仕事ではないのか」、そう考え、より効果的な方法として豆記者の交歓実現に目標を絞ったのだった。南方同胞援護会に飛び込み「里親方式をとります。豆記者の取材報告は学校へ家庭へ地域へ広がります」とこの運動が内包する利点を説明して一助を需《もと》めた。第一次に参加した垣花中三年生上原みどりはこんな描写でレポートを残している——。

「うやうやしく頭を下げられた殿下は、団長である与那覇先生のことばに一々うなずいて聞いておられました。そのときの様子は私たちと全く同じようで、とても親近感を味わいました。（中略）各校の質問を了え、ついに私たちの番になりました。私たちの前で軽く頭を下げられた殿下は早速、得意な学科とかスポーツ、その他についてご質問されました。温かい思いやりのあるおことば、夢うつつで答えました。（中略）みんなへあいさつをなされました。〝若いころに他の土を踏むということは将来大きな進歩となります〟というおことばで始まり……」

昭和五十年七月十七日沖縄初訪問、ひめゆりの塔事件発生。◆註4 それより十二年前の三十八年四月一日、皇太子と沖縄の接点は好漢山本の働きで具象化していたのである。世間には全く隠されていた時期に、皇太子は沖縄に心を傾け始めていた。五十一年末会見の述懐にそれが現れている。「復帰前に育った人は沖縄に対する認識が不足している。私もそうだった。(私に) 沖縄への関心を持たせたのは、毎夏訪れる豆記者 (の影響) が大きかった」

「殿下と佐藤栄作が似ている」点とは

故佐藤栄作元首相がかつて筆者に、沖縄に関する心情を明かしたことがある。既に宰相職を辞し、田中、福田総裁争いの傷も癒えてうららかな春の陽射しが注ぐ世田谷の私邸でくつろいでいる折であった。

そのころ佐藤は筆者が訪ねていくと、必ず懐旧談に花を咲かせたものだ。その日もなにげなく元宰相の唇がゆるんで、切り出した。まるで自分に言い聞かせているといった調子だった。「塗炭《とたん》の苦しみであった沖縄県民がようやく祖国に復帰した。その復帰後の沖縄に対して、本土の人々は急ぎすぎる。こちらの常識や考え方をそのままに、どっと沖縄に流れ込む

◆註4……沖縄訪問中の皇太子夫妻が、ひめゆりの塔に慰霊に訪れた際、火炎ビンを投げつけられた事件 (236～238ページに詳述)

形をとっている。沖縄への十分な理解や配慮がなされる前に、高度成長の物差しそのもので沖縄にも対処している。このためにさまざまな問題が出てきている。祖国復帰は、実はこれからスタートする問題だ。沖縄問題は本土復帰で終わったのではない。あのときに始まったのだ」

佐藤は沖縄問題の本質を見通した人物だった。この佐藤と沖縄返還対米交渉でコンビを組んだ大濱信泉《のぶもと》（当時早大総長）は、自分の妻と美智子妃との従来の縁も加わって皇太子とクロスし、沖縄海洋博では名誉総裁、海洋博協会会長の立場で互いに深くかかわった。大濱は政府協力機関として三十一年末発足した南方同胞援護会、その後身の財団法人沖縄協会でいずれも会長職を務めたが、この線上から、皇太子と沖縄の橋渡し役になった人物に沖縄協会専務理事（当時）吉田嗣延《しえん》氏がいる。

吉田は沖縄で生まれ、同県立中学を卒業した。戦前、沖縄県庁に赴任した経験から、昭和十五年以降の兵役を済まして戦後、沖縄県東京事務所長に返り咲く。当時はまるで亡命政府の仕事をしているみたいで、やったことといえば〝沖縄消滅の仕事〟ばかりだったと吉田は述懐する。

南方連絡事務局の課長時代、奄美返還を手掛け、小笠原諸島返還にもタッチし四十四年には領土問題の功績から藍綬褒章を受章したほど、戦後処理に深くたずさわった。この吉田を熟知していたのが当時自民党政調副会長の橋本龍伍◆註5（元厚相、文相）で、特に沖縄政界へのテコ入れが緊急課題だった際、現地関係団体づくりを提唱し吉田を責任者に推した。一介の課長を政調の会合に呼びつけ南方同胞援護会の創設と吉田の専務理事就任（昭和三十一年）をあっさり決めた橋本の行動力を吉田はいまだに懐しく思い出す。

この吉田が沖縄返還交渉に身を挺した佐藤と、沖縄に取り組む皇太子を比較して「似ている」と言っているのは興味深い。

「沖縄の返還はジョンソン大統領時代には見通しがついていましたよ。佐藤さんはその見通しを確信していましたね。佐藤さんが偉いのは最初の総裁選のとき、沖縄問題で争うと決意表明したことです。党内師団長の派閥の長が、米国に恨まれるのを恐れ、政治生命の危険を覚えてタブー視していたのが沖縄返還だった。皆、逃げ腰でした。佐藤さんには勇気と先見の明があった。性格上もいっこくなところがあって。変わり身の早い政治家にはとてもやれない仕事でしたね。ぶきっちょな印象を与える点では大濱さんも同じ。佐藤―大濱ラインは立派で、木村俊夫さん（元官房長官、外相）もよく助けました」

佐藤は「二十七年間分断されていたのだから、返還に三十年かけてもいいではないか。ゴマ化しのない、じっくりした仕事をしたい」と語っていたそうである。黙って一つひとつやりとげる。それを蓄積する以外にない。「そういうところが、殿下と佐藤さんとは似ている

◈註5………「まえがき」にもあるように、橋本龍伍氏は著者の叔父にあたる

んです」と吉田は明快に言う。

沖縄の素朴な感情が極めて身近に……

吉田が皇太子と最初の出会いを持ったのは三十四年九月十五日、台風被害が先島で報告された折だった。大濱会長と連れ立って東宮仮御所を訪ね、被害状況を語った後皇太子から「サトウキビに代わる作物はないのか」と問われたのが、二人を結びつけた。四十一年、四十二年台風の折も吉田は東宮仮御所に足を運んだ。

ここで吉田の口から中学生新聞の山本の話が飛び出してくる。「山本先生がここに飛び込んでこられた。向こう見ずの男ですな。本土訪問豆記者を皇太子に会わせろ、と言う。宮内庁総務課を通したらとても実現しそうもない。私は怒られ役を引き受けましたよ。怒られるのを知りながら（山本に）やらせた」

しかし豆記者と皇太子の交流はやがて軌道に乗り、極めて親愛な関係に育って吉田はひそかに喜ぶ。「特に妃殿下にしてみれば、当時、自分のお子さんと同じ年ごろなので、会えば必ず記憶に残る。一人ひとり覚えていて、まだ浪人しているのか、と質問されたりする。その殿下ですがね。殿下の沖縄への取り組みは孫引きでない。原典を読み、確かな関心と知識を備えている」と、吉田は皇太子の沖縄志向に興味を抱くのだ。

「系統的に勉強されたのは海洋博に関係されてからと理解しています。とにかく七三、四年から組織的な勉強を積み始めた。部厚い資料を持っていきますとね、それを置いていってよ、とおっしゃって全部目を通してしまう」

沖縄人の吉田にとってはあまりに近すぎて原典をひもとくことがなかった『おもろそうし』を皇太子は読んでいた。一つひとつの積み重ねを黙々と続けていた。吉田が指摘した皇太子と佐藤の相似性とは、このあたりに発見できるのだろうか。

四十一年二月、全国の小、中学校児童生徒数百万人に呼びかけて集まった七千万円と援護会を窓口にして募った三千万円の計一億円で、那覇市美栄橋町に鉄筋六階建ての沖縄少年会館が建設された。このとき皇太子ご夫妻から自発的に辞書類の図書とお子さま方が使われた幻灯機・スライドの寄贈があり「飾ったりしないで是非使ってほしい。古くなったら取り替えるから」とのお口添えがあった。

ご夫妻のたっての願いは、実現しなかった。会館側は殿下のコーナーを図書室に設けて飾りつけた。「使えといっても使わないのですよ。両陛下がお喜びになると思っていくらすすめても、どうしても使おうとしない」と吉田は苦笑する。反皇室感情で使わないのではない。もったいなくて、とても使う気にならない。そういう呼吸である。少年会館の場合、既に豆記者の体験を通じて皇太子は極めて身近に意識される存在だった、とみることが可能だろう。吉田はこうも言う。

「雑念なく見ているから、本質的な把握力があるのですよ。殿下は本土一般の人に対するイラ立ちや批判を隠さない。なぜ、もっと（沖縄に）心を傾けられないのか。殿下はストレートにそう考える。殿下は純粋に踏み込んで行ったと思う。殿下の口から〝沖縄の悲劇〟という表現が多く出るんですよ。老人には少し強すぎる言葉ではないですか、と意見を述べると、若い人はどう思うだろうか、と反論される。このこと聞いたことがありますか」――。

吉田はあるエピソードを語り始めた。

海上慰霊祭の当日、軽井沢で黙禱……

昭和十九年八月二十二日、沖縄―奄美大島―鹿児島を結ぶ航路上の悪石島《あくせきじま》沖。前日、那覇港を出港して一路鹿児島港目指して航行中の学童疎開船対馬丸は機関故障を起こして僚船暁空丸、和浦丸に遅れ、午後十時十二分ごろ、追尾してきた米潜水艦発射の魚雷三発を被弾して沈没した。鹿児島の南西約二百六十キロメートル。乗船した学童と関係者千六百六十一人。うち学童七百三十六人、引率教師ら二十四人、付き添い疎開者七百二十四人、計千四百八十四人が死んだ。

五十年八月二十一、二十二の両日、沖縄協会、日本遺族会、沖縄県遺族連合会、疎開船対馬丸遭難者遺族会関係者が巡視船宗谷に乗船し、戦後初めて、当時の時刻通りに同じ航路をたどり、海上慰霊祭を挙行した。皇太子家が届けた供花も波間に投げ込まれた。

この慰霊祭から約一週間後のことである。東宮侍従から加藤沖縄開発庁事務次官に口述で次の報告が寄せられた。

「海上慰霊祭の執り行われました八月二十二日、両殿下は軽井沢でご静養中でした。ご夫妻は三人のお子さま方ともども、午後十時十二分の刻限に合わせ、黙禱を捧げられました由にございます。私どもはとんと忘れておりましたが、翌朝そのことを知り……」

吉田嗣延は言葉を重ねる。

「このエピソードだけで十分語り尽くされているのではなかろうか。皇太子ご夫妻の純粋なお気持ちが。この話をうかがったときは、本当に涙の出るような思いをした」——と。

もう一人登場を願わなければならない。その人は前文化庁長官、現東宮大夫の安嶋彌《やすじまひさし》である。四年ほど前、長官室に訪ねた折、この人物が東宮大夫に転出するとは想像も及ばなかった。この安嶋が皇太子と沖縄を結びつける意味で重要な役割を演じたことを記しておきたい。

皇太子は海洋博開会式に臨む前に沖縄の教育事情について実感のある話を聞きたいという意向を持った。こういう場合、東宮の意を体して適切な人物を需める役は重田東宮侍従である。侍従重田の功績は枚挙にいとまがないが、マスコミ受けを排し、東宮のために各界各分野の人材を集め、鼎談、座談の機会を無数に準備し、企画したことが随一で、重田なしに〝東宮サロン〟の存在を語ることは不可能と思われる。自治省事務官の出身だが酒豪。酔っぱらってサーヤ姫のベッドを占領、寝込んだという傑物だ。わきみちはともかく、安嶋は乞われて、二十年代後半から文部省が沖縄に派遣した指導主事などベテランの先生を三回に分けて昭和五十年、東宮御所に引率して行った。安嶋が伴った現役教師のなかに広島大学教授沖原豊がいる。沖縄でデモンストレーション授業を試みた教育者。

「それで触発されたということよりも、前からお勉強だったから、予習が行き届いていた。大変な熱の入れ方で、相当なんでもご承知だった。①沖縄の歴史②沖縄の文化——と系統だてて研究されたご様子で、ユニークであるとともに水準の高いものと評価できる。特に『おもろそうし』については、ボクは足元にも及ばない」と安嶋は東宮の沖縄に傾ける心の深さに打たれて、こう語ったものだ。

沖縄で三味線弾きは男のたしなみ

彼は長らく追求してきた文教行政の一つの反省点として、小中学校の歴史教科書が沖縄について一、二行しか費していなかった点を挙げた。高校の教科書では比較的多く触れ、北山、中山、南山の分割時代から統一、冊封使を受けたこと、薩摩の支配下にあったことなどの記載がある。文学、国語教科書になると高校で『おもろそうし』を文学史の一つに挙げているものが一、二あったが、琉歌《おもろ》自体は教材として掲載されていないのが実情なのだ。

小中学校用音楽教科書には僅かながら「沖縄にはこんな歌があります」という記述に続いて、いくつかの題名を並べた個所がある。社会・地理でようやく第二次世界大戦と戦後の記述部分が現れ、米軍占領期と本土復帰後の問題点が申し訳程度に出てくるが、その中身は「復帰後の沖縄には膨大な米軍基地があります」といったもので、分量的にもコンパクト化されたしろものである。

沖縄のことを一般に知らなすぎるのではないのか、自分もそうではないのか、同じ国民なのに知らないですまされようか――。皇太子が沖縄に情熱を傾けた経過の基本パターンには、自己反省の持つ普遍性に、愕然と目をさました衝撃が読みとれる。

文部省は昭和二十年代後半から、教育指導委員を沖縄に派遣し、現地で講習会を催し、模範授業を行う文教事業に力を入れた。派遣教師は言葉の壁に直面し、口の重い子供や父兄を相手にどうしたら溶け込めるか苦悩を深めたという。「沖縄の子供たちが別に暗い性格だというのではないのです。親しむと、自然快活になるのです」「沖縄の人はプライドが高いです。文化水準は極めて高いです」「本土ですと歌舞音曲は男のするものではないという感覚だが、沖縄で三味線を弾くのはたしなみの一つなのです」

安嶋に連れられて東宮御所の応接間にくつろいだ教師たちは、口々に体験を語った。皇太子は熱心に耳を傾け質問した。

安嶋自身、屋良朝苗《やらちょうびょう》沖縄県知事とは昭和二十八年以来の交き合《つあ》いで、三回沖縄を訪ねた経験がある。当時、学校舎の建築には国庫から九割の補助（本土では五割）があり文化財補助には一律八割（本土最高八割）が割り当てられていた。沖縄における文化財としての物件が戦争でかなり痛めつけられた半面、民俗資料に面白いものが多く、かつての宮廷舞踊〝くみおどり〟の保存に文化庁は補助し、後継者育成に力を入れた。安嶋と皇太子の交流は沖縄を媒体とし、そして東宮職の長として多年皇太子に仕えた鈴木菊男の勇退に伴い、その後を襲って身辺にかしずくことになったものである。

戦後の米軍占領期と高等弁務官による支配時代、先島の一つ宮古島では教育基本法を受け容れ、本土から教科書を取り寄せて使った。文教区は沖縄本島とも分離していた。下地宮古支所長は「教科書を本土から取り寄せて編纂し、印刷し、議会にはかり、原文のまま使用し、日本国民としての教育を一貫して行って来た。この方針は戦前、戦後を通じて、本土復帰前も後も同様でした。わざわざ〝日本国民を育成する〟という文言を指導要綱に加えたくらいです」と胸を張る。かつて獄門島だった宮古島は、ただそれだけの理由で、沖縄本島では被差別感情にさいなまれ、不当にさげすまれる風潮があった。

その宮古が、各市町村教育委員会の統合体である宮古連合教育委員会を設け、ここに教育長を置いて一貫した日本の教育を行って来た事実に注目を払わなければならない。宮古の教育界だけは本土復帰に際しても動揺しなかった。現在は沖縄教育庁宮古教育事務所に引き継がれている。が、いまでも大学志望の半数以上が本土大学に進学する宮古の青年は、教育熱心な父兄の願望を表現している。経済では貧しいが人材養成に力を入れて補う姿勢は伝統と呼ぶにふさわしく、宮古島を皇太子は愛した。訪ねたかった。

ウチナンチュウとヤマトンチュウ

同じ社会部の釜の飯を食った仲間ではあっても、那覇支局取材主任荻原莞二と沖縄海洋博の共同通信取材センター設立や開幕寸前の企画執筆などを目的に、先遣隊として現地入りしたキャップ橋本明、白井宏尚、蒔田靖男らとの間には、微妙な感情のもつれが火花を散らした。

海洋博粉砕運動を組織する一派と深いかかわりを保持し、ひそかに皇太子来沖に焦点を絞って反体制派の動きをフォローし続けてきた荻原は、心情的に彼等の立場により近い報道姿勢を抱いている。彼はウチナンチュウでありたかったろう。橋本らはさしずめヤマトンチュウであり営々と築いて来た支局の、誇るべき革新性を守らねば……と意識が明確化するほどに、先遣隊への警戒心を働かす気分を色濃くしていた。

本部《もとぶ》の今帰仁《なきじん》村に共同前線本部を置き、会場内プレスセンターに仮支局を開設することが当面の仕事となった。五月末はまだ雨期のころ。梅雨は六月いっぱい続くのである。白っぽいヒルが窓に不気味な腹を見せてへばりつき、浴室を走り回るのはなんとしても不快であった。

海洋博担当デスクとなった橋本は、冬の間にも視察がてら沖縄の土を踏んだ。小野田少尉救出作戦初期のマニラやルバング島でフィリピン生活を一ヵ月送った橋本の眼に、沖縄は東南アジア北限の異国に映った。戦跡地や米軍基地の偉容を目撃して衝撃を受ける橋本に、かつて共同の仲間であり、当地で退職して建設業界に身を投じた荒木卓郎は沖縄人に融和する道の困難を語った。「われわれに聞かれたくない話をするとき、現地語に切り換えるのだ。疎外感から解放されたことがない」と荒木は言った。

本部に腰を落ち着けた橋本は海洋博予算の大枠を守る重い責任と、長丁場の取材陣容を決定するプログラム化、それに会計の基礎を固める厄介な任務をこなさなければならなかった。望月映生記者を一人だけ通しで張りつける構想をとり、開幕、夏休み盛期、閉幕の各ヤマ場の態勢で原案をまとめ深瀬和己社会部長に裁可を求めていた。

滑り出しはまずまず運んでいった。今帰仁村に車二台（常駐）、支局に車一台を配し、専用の運転手一人を雇うとともに免許証保持者には自由に運転する方法で交通費の目安もついた。

五十年七月初め、本隊総指揮をとる次長本多光之ら開幕日取材陣に先遣隊から白井、蒔田らを残し、橋本は本社で総合デスクの棒を振るため帰任した。皇太子が到着する七月十七日の現場は、本多をプレスセンターに配し、ひめゆりの塔など動きのある取材キャップに白井を充当、荻原に反対派の動向専任を言い含めて去った。

「なにか一騒動はあるものと覚悟されたほうがよい」と橋本は東京で東宮職の八木行啓主務官（侍従）に情報を入れた。今帰仁城跡に咲く赤いサクラや、サンゴ礁の青い海原が念頭から離れなかった。中城《なかぐすく》に何ヵ所と見たウガンジョ◆註6が目先にちらついた。

七月十七日午前、伊江島出身の崎浜留美子（伊江島中学三年）、王城洋之、金城勝也（いずれも四十九年の本土訪問で皇太子ご夫妻に会った中学生たち）ら一団の中学生は那覇空港に集まった。この日、本土から派遣された機動隊員を含め三千八百人の警官が全島主要個所でものものしい警備態勢に入っていた。中学生たちは空港内でお出迎えしたいと懇願し続けた。しかし内部立ち入りは屋良沖縄県知事夫妻や海洋博関係者など一握りのＶＩＰに限定されていた。空港敷地と一般地区とは金網でさえぎられていた。彼らは金網にぴったりと身を寄せ、ご搭乗機から最も近い場所にへばりついた。

午後零時二十分、南国のぎらつく陽光を銀翼にはね返して、日本航空のＤＣ８機が着陸した。戦後、皇室による沖縄公式訪問の第一号となった皇太子は濃紺色のダブルを着込み、美智子妃も地味なダーク・スーツに白のふちどりをしたツバ広の帽子でタラップを降りた。

歓迎と反対の声の中に降り立つご夫妻

圧倒的な数の日の丸の波が揺れ動くなかで、沖縄はしたたかなキバを磨きあげてもいた。復帰三年。東京の労働団体や過激派の皇太子沖縄訪問反対運動に勢いを得て、摩文仁《まぶに》の丘陵

◆註6……沖縄地方に点在する、神を祀る拝所。「ウガンジュ」ともいう

を占める四十一の慰霊碑のうち、三十一碑は「皇太子上陸阻止、日本軍の残虐糾弾」などのスローガンでよごされていた。

労組、民主団体など二十五団体で組織する社会党、総評系の沖縄県原水禁が闘争方針を掲げていた。強腰で名をとどろかせた沖縄県教組は有力加盟団体の一つであった。

七月十二日には皇居・坂下門の鉄柵を乗用車に乗った過激派男女四人が体当たりして突破、皇居に乱入。◆註7 十四日には防衛庁、羽田空港など四ヵ所が火炎ビン闘争に曝された。十六日夜には那覇市内でデモが繰り広げられ、全島が緊張の頂点にあり、日本の関心は皇太子の動きに集中した。

皇太子ご夫妻は屋良知事らとあいさつを交わし、空港エプロンで待機していた黒塗りの車に身を移した。そのとき金網にしがみついていた中学生たちの瞳が確かに、妃殿下が手を振られる姿をとらえた。感動が一人ひとりの全身を貫いた。信じられない情景――いったん動き出した車が停まったのだった。運転手席に身を乗り出すようにして、美智子妃が何か言われたからだった。

車のドアが開いた。美智子妃はまるでまろび出るように金網に駈け寄った。小さな指が網目から、何本も突き出ていた。「皆さん、ありがとう」美智子妃の唇が動いた。妃殿下、妃殿下と若い声がはずんだ。次に少年少女が耳にしっかりと聞いた言葉は、この一刻の情景にふさわしいものであった。「こんな金網のところでお会いして、ごめんなさいネ」――優しい妃のお言葉、身を翻して、これもにっこりほほ笑みを投げかけている車中の皇太子の横に戻られたとき、車列は勢いよく動き、瞬時に空港を去った。

第四次派遣団の一員として、初めてご夫妻の前で琉舞を踊った当間光枝は薬剤師として那覇市内で働いていた。光枝は宮古島に年老いた両親を置いていた。仕事のため空港に行けず、やきもきするばかりだったが、ご訪問二日目の宿泊地、本部のロイヤル・ビュー・ホテルにはやはり宮古出身で現在レコード店を立派に経営している城辺中卒業の下地一美ら十数人の仲間と、ご夫妻をお訪ねしようと自らに言いきかせて気を紛らすのだった。

皇太子の車列は戦跡公園に向けて順調に南下している。共同の白井キャップは先行取材車、追跡車、空からのヘリによる追尾、要地に配した地上の記者が送り込むハンドトーキーによる情報に緊張していた。適宜指示を与え、全体の動きに最大限可能の網を張る。

午後一時五分ごろ、糸満市内を通過。東京の社会部デスクでテレビの実況をウォッチしている橋本の眼前に、異変発生を知らせる不分明な画像が写し出された。間髪を入れず白井から速報が飛び込む。白銀病院三階付近に潜んでいた若い男が二人、牛乳ビン、棒切れのようなものを投げつけた、という——。

◈註7……………乱入したのはいずれも新左翼党派に属する大学生で、宮内庁庁舎に向かって駆けだしたが、途中で現行犯逮捕された

ひめゆりの塔火炎ビン事件

ご夫妻の車は南部戦跡を目指して走っている。追跡する記者団の中に東京から同行している宮内記者会のメンバーがいた。共同通信の高橋紘もその一人である。高橋は早大法学部卒業後社会部記者となった。奈良支局、大阪社会部を渡り歩いたころ、文化的素養のもとになるものを身につけた。万国博や高松塚古墳を手がけ、七二年夏には馬王堆漢墓発見の取材にかかわった。

日本の古代文化に影響を与えた中国に傾斜し、七四年夏には日本考古学者代表団に加わって初めて中国の地を踏んだ。七八年には平山郁夫とシルクロードの旅に出ている。七五年夏は皇太子の後を追って沖縄にいたというわけである。高橋は東京出発前、皇太子が「石ぐらい投げられてよい。そうしたことに恐れず、県民の中に入っていきたい」と語ったことを知っている。

沖縄が日本に戻ってきたのは四十七年（一九七二年）である。その後沖縄県で国体と植樹祭が行われたが天皇は出席を果たせなかった。天皇は側近に「（沖縄からは）まだ（出席を）なんともいってこないか」とたずねたほど、沖縄ご訪問に重要性をみつめていた。高橋は、皇太子が父陛下の果たせなかった夢を代行する立場にあり、相当な覚悟で臨んでいるものとみている。彼は次第に緊張感を覚えていた。

慰霊碑供花第一の対象となるひめゆりの塔は南部海岸手前、南下する街道の左手にある。墓地か神社境内といったたたずまいをみせ、こんもりとした森に入るあたりが駐車場用の広場となっている。「無事到着」の経過報告が東京・虎ノ門の共同通信社社会部に入った。数刻、静寂が支配する。つと、しじまが引き裂かれた。

高橋紘著『現代天皇家の研究』によると、ひめゆりの塔を参拝、その直後、濠にひそんでいた男二人が姿を現わし、夫妻の眼の前にある供花台に火炎ビンと爆竹を投げつけた。事件発生だ。現場も本社もただならない緊張に包まれた。ニュース作成の職業的な手順が進行する。本記、雑観が手際よく流れる。「白井はうまくやっているようだ」と橋本は思った。

沖縄県警はひめゆりの塔を事前捜索した際、濠の内部には手をつけなかった。神域に触れて祟《たた》りでもあったら大変だと考えたとか、地元の人に遠慮したとか、理由がつけられた。要するに手落ちがあったのである。薄暗いうえに深い。過激派の二人は食糧を持ち込んで潜んでいた。

共同通信の竹内誠一郎カメラマンは現場に居りながら決定的瞬間の撮影に失敗している。ご夫妻が供花台前に並んで、沖縄婦人の説明を受けている間にフィルムがなくなった。新しいフィルムを装塡する作業中に、ひめゆりの塔裏側の濠からヘルメットと手ぬぐいで覆面した男がはい上がってきて、火炎ビンを投擲《とうてき》したのである。一つは供花台石に当たって火を発した。記者達はご夫妻が後ずさりするのを見た。ある記者は妃殿下が小さい悲鳴をあげたように思う。これは後日、皇太子自身の説明で打ち消されるのだが、皇太子が妃殿下をかばうような仕種を示したのは確かである。たしか比嘉さんという名前であったか、説明役の婦人の安否を皇太子はまず気遣ったという。あまりにも想像外の事件であったため、ほんの瞬間だが、その場にいた人々は情況把握にヒマがかかったようだ。いわゆる〝ぼうぜんとした〟状態で、映画のコマが停止したときに似ている。

さて、問題とされたのは、男二人に殺意があったかどうかである。評価は二つに割れた。裁判の結果を不幸にして筆者は知らない。ただし、直接的に安全に危害を加えた意図は明らかな情況だった。そのなかで一つの救いがあった。犯人が沖縄県民でなかった事実がそれである。

記者の胸をついた毅然たる態度

皇太子は日程を変更せず、予定通り魂魄の塔、健児の塔、黎明の塔、島森の塔を回り、平和祈念資料館―旧海軍司令部濠―遺族会館へと歩を進めた。事件は一種の洗礼だったような気がする。高橋は皇太子の揺るぎない姿勢と毅然とした態度に胸をつかれた。

遺族会館は黒潮会館ともいう。ここでご夫妻は多数の遺族代表と会い、話を交わされた。皇太子の後方に吉田嗣延がいる。「流れる汗がしずくとなり、流れ落ちるなかを姿勢を崩さず一人ひとりと対面された。お二人ともハンカチでぬぐおうともされなかった」「想像でき

ひめゆりの塔事件。騒然とする現場

ないほど真剣に取り組んでおられる姿に、崇高なものを覚えました」と、吉田は筆者に語っている。

なにせ冷房がきかない会館だった。ダブルの洋服に身を包んだ皇太子は盛夏でもあまり発汗しない体質だが、この時はグッショリ濡れたに違いない。ただ、意に介さなかったのだろう。何か使命感に佇立している厳しい表情のたくましさが表面に出た男の姿を見せ、周囲の人間をびっくりさせた。会館の裏手に小さな碑が建つ。〝しずたまの碑〟という。全滅家族の霊を祭っている。沖縄三大悲劇の一つに数えられながら、ひっそりと、目立たない。吉田はおずおずと、しずたまの碑があり、いわれは云々……と皇太子に言い出した。宮はすぐ「行こう」と決断した。そして夫婦で礼拝した。「これなど、殿下がものの本質をわきまえている証左だ」と吉田は主張してやまない。

その夜、皇太子は那覇市の宿舎ハーバー・ビュー・ホテルで侍従を通じ、沖縄県民に寄せるメッセージを発表した。異例の措置だが、当を得ていた。要旨は――

沖縄国際海洋博覧会開会式への出席を機会に、長い間の念願がかない、沖縄県を訪問することができました。

過去に多くの苦難を経験しながらも、常に平和を願望し続けてきた沖縄が、さきの大戦で、我が国では唯一の、住民を巻き込む戦場と化し、幾多の悲惨な犠牲を払い、今日にいたったことは忘れることのできない大きな不幸であり、犠牲者や遺族の方々のことを思うとき、悲しみと痛恨の思いにひたされます。私たちは、沖縄の苦難の歴史を思い、沖縄戦における県民の傷痕を深く省み、平和への願いを未来につなぎ、ともどもに力を合わせて努力していきたいと思います。払われた多くの尊い犠牲は、一時の行為や言葉によってあがなえるものでなく、人々が長い年月をかけて、これを記憶し、一人ひとり、深い内省の中にあって、この地に心を寄せ続けていくことをおいて考えられません。県民の皆さんには、過去の戦争体験を、人類普遍の平和希求の願いに昇華させ、これからの沖縄県を築きあげることに力を合わせていかれるよう心から期待していますﾞ(中略)。

戦後、私たちは、平和国家・文化国家という言葉になれ親しんで育ちました。今、もう一度、これらの言葉を思い起こし、この博覧会が、有意義な何ものかを沖縄県に残すことを切に期待します。

自分で推敲《すいこう》した一文だ。名文といえよう。

屋良元知事が唸ったレプラ病棟の光景

沖縄初訪問の感想を皇太子が宮内記者会との会見で明らかにしたのは帰京後一ヵ月半の後

であった。高橋紘の著作から引用する。

「飛行機から見て、まず海がきれいだという印象を持った。沖縄がたどってきた道はけわしいものだった。みんなが、まず、これを理解していくことが大事だ。沖縄を訪れて感じたことは、県民が平和国家・文化国家を強く、厳しく求めている、と思った。

海洋博で、多くの人が沖縄を訪れるようになれば、本土の人が沖縄に関心をもつことになり、よいことだ。総務長官から聞いた話だが、本土から訪れた多くの人が、戦跡を巡っていると聞いた。あのへんは現在、木がうっそうと繁っているが、戦争では一面が焼き尽くされて何もなかったところだ。その違いを考えることが大事だと思う。

本土と沖縄は、戦争に対する受けとめ方が違う。やはり、太平洋戦争の激戦地であり、民間人を含めて多数の犠牲者が出た。本土では、空襲があっても、疎開という逃げ道があった。沖縄でも疎開した例はあるが、それはごく少数だった。

火炎びん事件や熱烈に歓迎してくれる人たち——こうした状況は分析する、というものではなく、それをあるがままのものとして受けとめるべきだと思う。沖縄の人は歴史的にみても、刀狩りをするなど、平和に生きてきた人たちだ。気持ちとしては、また行ってみたい。

火炎びんのときは、びっくりしたというより、ぼんやりしていた、というのが実感だ。美智子もそうで、私よりもっと気のつき方が遅かったようだ。だから、一部で出ている（報道された）ように、美智子が悲鳴をあげたというのはおかしい。あとで振り返ってみて、とっさのことで、何がなんだかわからなかった」

警察庁幹部の一人は事件当夜高橋記者に「壕内の調べはやらなかった。あの一帯は沖縄の人にとって聖域であり、われわれが壕内の捜索を指示すると、現地の反発をかい、三日間の警備がうまくいかないと判断したからだ。それに、地元の警備関係者は、沖縄の人は絶対、壕をけがすような行動はとらないと断言していた。そこまでいわれては仕方がなかった」と述べている。本土の警備当局者もいわば及び腰だったとわかる。沖縄の反発をかいたくないという気持ちの裏に、沖縄を特殊化する意識の目があった。

ひめゆりの塔事件以後、沖縄における警備にも本土並みの拳銃常時携帯の道が開かれた。

七月十八日皇太子ご夫妻は那覇新港から海上保安庁の巡視船「みうら」で海路渡久地新港に入り、海洋博会場に向かった。海洋文化館を見学されて、国立療養所沖縄愛楽園を名護に訪ねた。ハンセン病患者の収容施設である。皇太子夫妻がレプラ◆註8の患者たちの手を握り締める姿を観察している二人の男がいた。手首が失われた人の場合にはその付け根部分を握って優しく激励するお二人を横目で眺めながら、吉田嗣延は屋良朝苗に語りかけた。「貴方には、できますか」「いや、とてもとても……」（屋良）。「帝王学とは言い切れない、何か他の、あるものがありますね」「うーむ。たしかに」（屋良）。

◆註8……ハンセン病のラテン語名

宿舎ロイヤル・ビュー・ホテルのロビーでは豆記者OBたちが山本先生と並んでお迎えした。ひめゆりの塔事件でショックを受けた彼らの目に、お二人の姿は何事もなかったような平静さに包まれてみえた。皇太子にとって十八日の夕方から夜までが三日間公式訪問中ただ一夜のくつろげる機会だった。これまで蓄積してきた沖縄に関するさまざまな知識を背景に地元文化人と接し、会話を交わす喜びが、ようよう皇太子に訪れたのだ。

当日招かれた人々は主として沖縄館の建設や今後の運営に携る人物である。そのなかに、沖縄の作家大城立裕[註9]がいた。皇太子と会い、沖縄を論じた大城は親しい友人に「あれはほんものだ」と感想を述べている。

七月十九日、皇太子は海洋博会場を車で回り、沖縄館を見学した。そのあと海洋博開会式に出席した。帰路は渡久地から那覇まで「みうら」に乗船し、空路帰京のコース。

「悲劇の島」伊江島を訪問

五十一年正月、橋本は沖縄に飛んだ。一月十七日の海洋博閉会式をカバーし、共同通信の諸施設を撤去する最後の仕事に当たるためである。旧知の人々に会い、最終場面の祭り会場を歩いて、大阪万国博当時に似通った、奇妙なわびしさを味わった。

会場から一般客が消えた日、万博に従事した世界の関係者は再び会場を独占し撤去までの数ヵ月余韻に酔いしれたものだ。祭りやうたげの後は淋しいものである。海洋博会場も全く同様だった。しかしながら一月十七日は皇太子夫妻を再び沖縄に迎えなければならず、入念な手当がそれなりに必要とあれば感傷にひたりきるのはもうちょっと先の話になる。今回は伊江島訪問が日程に組まれていた。海洋博会場の借景にして申し分ない美形を浮かべていた伊江島は激戦地の一つであり、悲劇の島と呼ばれる。

太平洋戦争末期、北は伊江島、南は慶良間の島々を米軍は押さえ、空海軍力を使い、拠点とし、北と南から沖縄本島に攻め込んだ。昭和二十年四月十六日伊江島は米軍の敵前上陸を許している。米方七十七師団の精鋭を迎え討った皇軍は守備隊井川大隊千七百人。三万人の米上陸軍は一平方メートルに一発の割合で砲弾を打ち込んだ。四月二十一日井川大隊玉砕。

青年、婦女子、老人も急造爆雷を抱えて切り込み突撃し、島民千七百人余が死んだ。生き残り島民は二十二年三月まで島外に移送された。周囲二十二キロ、現在人口六千三百人の伊江島は三七%が米軍用地で空軍の射撃演習場に使われている。島中央高台の芳魂の塔には軍民三千五百余の霊が祭られる。碑に一文の詩——ひねもすを　とどろとどろと潮騒の　声をまくらに　ここだくも　眠れる霊の　夢まどかならむ。

ご夫妻は羽田から鹿児島に飛び、ＹＳ11機に乗り替え、直接、伊江島空港に着陸する（十

◆註9…………昭和四十二（一九六七）年に小説『カクテル・パーティー』で芥川賞。沖縄出身作家としては初めての受賞だった

六日）。砂糖きびの収穫期に当たるため、丈余の畑に過激派が潜んでいないかとしらみつぶしの警備が敷かれた。事前検問は島民の自由すら奪う勢いであった。橋本は蒔田、高橋らと島にわたり、要所を点検したが、幸い海洋博会場と伊江島間の無線連絡に快調である。

当日を迎えた。伊江島取材班はもちろん泊り込みの体制。橋本は対岸の海洋博支局に頑張った。ご夫妻の視察は淡々と進む。芳魂の塔参拝、城山展望台経由全島ドライブ、砂糖きび収穫中の農家お立ち寄り。無事フェリーでエキスポ・ポート着。

一月十七日は海洋生物園を経て、近くの今帰仁村の蔬菜《そさい》栽培を見学され、国の史蹟今帰仁城跡に寄られ、午後閉会式に臨まれた。晴れていた。海上舞台に向き合う会場の来賓席に故佐藤栄作元首相の未亡人寛子さんの姿があった。

空前の過剰警備と真摯な皇太子ご夫妻の態度が際立つ幕引きであった。運動は組織されなかった。散発デモ六件が記録されただけであった。

第七章　開かれた皇室に向けて

美智子妃を目撃し感動した若い女性

京都の閑静な茶房で相対していた中年の女性が、ふっと頰をほころばせて──

「私、美智子さまが大好き。あの方にだけは特別な感情を抱いています。女性として最も尊敬できるんですよ。優れた方だわ」

脈絡もない話の間に、いきなり芽を出した形で彼女は語ったのだった。寺社を訪ねるのが趣味で、大阪の薬問屋が集まったあたりで喫茶店を経営しているかたわら、休みともなると奈良、京都と仏像歴訪の散策に浮き世を忘れるのだった。

五十一年一月、皇太子ご夫妻二度目の沖縄訪問が終わったある夜、橋本は那覇の高級バーでくつろいだ。若い女性たちがママと一緒になって席に集まった。客のない日だったせいか、女たちは自然、皇太子ご夫妻について話し始めた。

二十一、二歳、俊江と名乗った女性は五十年七月、市街を抜けて那覇空港に向かうご夫妻をどのようにして送ったか、熱心に語った。俊江は具志川に住んでいた女友達と二人で朝六時に家を出て那覇に向かった。彼女らは一番見通しがきく大通りに場所を選び、いつくるかもわからないご夫妻の車列を、のんびり待ったという。

「四、五時間はかかったでしょうね」と俊江が言った。やがてご一行の車がゆっくりと通過した。

「しびれちゃった。青いように白いお顔立ちだったわ。手を振ってニッコリ笑っていらしたのよ。もう、ジーンときちゃった。素晴らしいワァ、素敵よう。うれしくてもう声も出なかったわ。きれいね。ホントにきれいなのよ。何ていうのかしら、品があって優しくて。皇太子さんは鼻だけ目についたわ。皇太子さんは、どちらかというと、どうでもいいの。私たち、お車列が遠ざかって場所を離れてサ、ごはんでも食べるつもりで市内を歩いたんだけど、おたがいまるで怒ったみたいに黙りこくっていたのヨ。感動で胸がふさがっていたからなのよ」

大衆は鋭敏な嗅覚の持ち主である。那覇の俊江が「私ね、皇后さまって一番きらいさ」と、薄暗いソファの陰に顔を向けて言ったとき、橋本は興味を覚えた。「なぜだい。なぜ皇后さまがきらいなのさ」「美智子さまをいじめるからよ。それはひどいって話じゃないか。だからきらいなのさ」「どうしてそんなこと知ってるの」「だって週刊誌に書いてある。それにね、東京からのお客さんがよく噂してるよ。これで結構耳に入るんだから……」「天皇はどうだい」「もう年寄りでしょ。皇太子のほうがいいな。美智子さまがいるしね」

いかにも「国母」という感じのおっとりとした皇后さまを敬愛する年輩層の支持とは別に、京都の佳人といい、那覇の女性といい、天皇家の人々に素朴な直感力を働かせて好悪の情緒を直截に表現する大衆層もあることを知ったことはひとつの驚きだった。お濠の内部が菊の垣根越しにチラチラとしか見えないと考えるのは早計にすぎるようである。少なくとも、あの暑いさなか、四、五時間も炎天下の公道際に待ち、一瞬目撃した美智子妃に感動をかくさなかった若い女性たちの存在は事実なのであり、ウソも虚飾もない。

宮古島の人々の思い

橋本は本部半島で偶然、山本和昭教諭に出会った。当間光枝を伴っていた。山本は名護市に橋本を案内し、光枝と三人で騒々しいナイトクラブめいた店に入った。水割りを注文し、沖縄海洋博をサカナに飲んだ。三人の間で共通する話題は皇太子に集中する。豆記者の交換から始まり、ここに皇太子ご夫妻を迎え得た長い道程について山本は語り、光枝も控えめながら想い出話に目を輝かせた。

山本は橋本に一つの提案をした。是非宮古島を訪ねてほしいというのである。そのために宮古に連絡もしておくし、当間君に介添えをお願いするから、と熱心である。橋本は宮古の人々が特に皇太子を敬愛していることに薄々気がついていたし、皇太子にも先島を思う心があるのを知っていた。心情的には極めて近い両者の間柄なのに、皇太子には宮古島を訪問する自由が欠けている。宮古島だけ訪ねるわけにはいかない。

仕事も片がついたので、支局の連中も賛成してくれたので翌日那覇市に出た橋本に当間光枝に連絡をとり二日後に二泊の予定で訪問するむね電話で話した。光枝は大喜びし「私がホテルにお迎えに行くから」と言った。その前夜、光枝の友人から電話が入った。

「当間さんは実家の方でちょっと病人が出たものですから一日先に宮古島に行きました。私が迎えに行きますから、心配なさらずに待っていてください」との口上である。友人とはレコード店を開いている青年下地一美君だった。かつての豆記者の一人。下地は約束通り、彼の車で迎えに来た。「島に着いたら誰か来ていますから」と屈託なく言う。

ＹＳ11機を降り立つと生暖かな風は本島よりも湿気が多いようである。出迎え人の中に当間光枝の姿があり、そのかたわらにがっしりした体つきの中年の先生が満面に微笑を浮かべている。光枝は先発した非礼を詫びた。

訳のわからないまま手厚い歓迎に身を委《まか》せているうちに車は沖縄県教育庁宮古教育事務所に橋本を運んだ。当地には宮古連合教育委員会があった。各市町村教育委員会の連合体で昔から教育長を置き一貫して日本の教育を行って来た点で沖縄では極めてユニークな存在である。

下地所長が橋本を出迎えた。早速、講義が始まった。第一次豆記者交換会のときから平良中は毎年参加していると下地所長は言う。ヒララ市のタイラ中学と呼称するが、宮古島では終戦直後から教育基本法を導入し、本土の教科書を取り寄せて編纂し、印刷し、議会に諮り、原文のまま使って日本国民としての教育を一貫して行って来たという。指導要綱にも「日本国民を育成する」という言葉を加えたほどその姿勢は本土に直結していた。

「宮古島自体に指導主事を置いているので文部省からの指導も数ヵ月程度で終わっていますよ。父兄が教育熱心でしてね。経済は貧しいが、人材養成に力を入れるのが島の伝統なのです。資源が少ないだけにこうした姿勢になる。農業と漁業きりありませんから、高い教育を求め本土で活躍しようとするのです」と所長は説明した。

橋本は次に平良中に案内された。生徒らとの懇談会がセットされており、みかんや茶菓子を並べた教室で十人ほどの生徒代表の前で橋本は演説をするハメになった。上山君という三年生は第十四次豆記者として上京したが「皇太子殿下にお会いして感激しました。同じ人間というか、親しみを感じました」。上原直美さん（二年生）は「北方領土のことで大変心が痛みます。領土返還の運動を進めたい」。下地君（二年生）は変声期前の声を張りあげて「沖縄について認識が薄いと思います」と本土の日本人に文句をつけた。少年少女たちはなぜ皇太子ご夫妻が宮古島を訪ねてくださらないのかと集中放火を浴びせてきた。これには橋本にしても答えるすべがなく、壇上で立ち往生しなければならなかった。

〝質問魔〟と〝聞き上手〟

宮古島の夜は同島及び周辺小島に在勤する中学校教諭の定例会合出席と、引き続き開かれる夕食会に臨む日程となっている。

注意深く計画された歓待という性格のほかに、橋本は山本和昭教諭が放った影響力の深さを認めないわけにはいかなかった。教師たちは豆記者交換の意義を依然として評価し、島の教育の充実をめぐって熱っぽく議論した。琉球酒場に来ると光枝がいつの間にか姿を見せていた。興に乗って踊り出す。朝鮮舞踊のような手付き、足付きでパートナーとは組まず、独り勝手に踊るのである。酒が回ると本音が頭をもたげる。昼間児童たちが口にした同じ疑問を教師たちも吐き出した。「なぜ、殿下は宮古にいらっしゃらないのか」――この疑問であった。教育指導の面で本土直結の側面をこの島が維持していることについては何度も触れた。彼らは皇太子が先島に足を伸ばさないことにいら立っていた。皇太子も先島訪問は念願の一つである。一日も早く訪れたほうがよかろうと橋本は思った。

皇太子の公的行事の大部分は諸会合への出席、行啓旅行で占められる。地方行啓の場合を見ると、東宮職・東宮家は行啓先自治体が計画した旅程、日程、行事予定に対してほぼ受け身である。

計画段階で行啓主務官の侍従が下見をする場合に、あまりに奇妙と思われることについて注意を促してくるぐらいのもので、先方の言いなりに動くのが鉄則とされている。

来てくれ、と言われれば万障繰り合わせて出掛ける。しかもお仕着せ通り、相手の希望するままに動く。一見退屈な国内旅行だが、皇太子はなかなか努力する人のようだ。少しでも充実させようと気を配る。特に老人ホームなど社会施設訪問の折に、皇太子は妃とともに触れ合いを求めて積極性を示す。

まだ海のものとも山のものともつかなかった高校生時代には、県情勢の説明を聞くふりをして全く別のことを考えたりしていた。ものぐさで、やる気がなく、快楽ばかり追い回していたボンクラ時代と違って、使命感がすっかり身についたというべきなのだろう。

例えば、ＮＨＫが毎年開催する「青年の主張」に皇太子は欠かさず出席し、入賞者のためのレセプションに顔を出す。この場面はテレビに映らないから世間は知らない。体験を基本に主張した青年男女に向かって、皇太子の知ろうとする熱意は貪婪《どんらん》そのものといった趣きであるそうだ。ひそかに質問魔と呼ばれる皇太子に配して聞き上手の美智子妃が加わるから、話が大層はずむのである。

施設行啓には必ず職員懇談が付く。そうすると皇太子は中に入り込み、座り込んで話をする。まず皇太子くらいに全国社会施設の実態を知る人はいないに違いない。彼が情報センターそのものの役割を自然に果たすのである。

東北の某施設で訴えを聞いた皇太子が、同じような問題を解決した他県の施設を知っているわけだ。皇太子は調整と仲介の労をとる。すると、異なる施設間で交流が始まり、具体的に好結果を生んだりする。現実に東宮職に問い合わせてくる例も数多い。皆が東宮御所こそセンターだと認識するから、頼ってくるわけである。東宮職が独特な活気と若さを持つ理由の一つに、センター機能を挙げておこうと思う。

対象はリハビリテーション、施設収容者の悩み、重度身障者の介護……とさまざまだ。仮に東宮職に生きたアーカイブの性格を求めるとするならば、社会福祉問題だけにはとどまらないで、〝よろず相談〟の看板を掲げるに足る充実した内容のサービスを供し得る所と定義してもよさそうである。

障壁は〝菊のカーテン〟

皇太子はまた、人に接するにあたって非常に腰が低い。五十二年八月、八丈島の養和会老人ホームを訪ね、六畳間に寝たきりのおじいさんを見舞った。ご夫妻はスリッパを脱いで部屋にあがり、看護していたおばあさんの前でまず手をついて挨拶した。そのあと病床に近づくときは膝行し、別れるときは再び畳に手をついて深々と頭を下げたものだ。友人が訪ねて来ても、必ずきちんと立って迎えられて、礼儀正しく挨拶をかわしてから「どうぞ」と座るようにすすめる。帰り際には玄関まで送り、スリッパのまま車寄せに立って見送ることだってある。

主人公が折角、自分から垣根を取り払い、国民と親しく交じわろうとしても警察の過剰警備と迎える側の事大主義にはばまれて浸透しない。皇族に危害が加えられるかもしれないという予防意思が働く社会はいやなものだ。菊のカーテンを取り除けと叫ぶ前に、誰が皇族と国民を離しているのか考えるべきだ。ご宿泊先あるいはお食事先のまかないで想像を越える予防衛生措置がとられている。殺菌消毒の現場は常識を超える。岡山県下でスモン病の大量発生を調べた人がいる。陛下、皇太子、皇族……と三回、植樹祭の如き行事があった後、スモン患者が発生した。下痢を予防するという触れ込みでキノホルム剤を大量投与したことと関連があるらしい。スモン病が極めて日本的な習慣を背景にして特に日本に集中発生した事実は、皇室と国民を考えるうえでまことに貴重な手掛かりとなる。

国民の幸福と祈り、科学的考察を大事にする皇太子らが、自らの日本国内における移動によってスモン患者を発生させた疑いがある。因果な話ではないか。庶民と同じ食べ物を食べてもらい、庶民が通常の衛生感覚で料理したものを提供して、それを食した皇太子らが下痢をするならば、腹をこわしたヒヨワな彼らの方が悪い。ところが、現実は問題の食事を作った人たちが責められるのである。明らかに間違っている。誤った常識を一つひとつ正す作業から始めないと、今日問題にされているお濠の内外のギャップは埋まらない。

くだらない事大思想にとりつかれた一部国民のおかげで、皇室と国民はおよそ馬鹿々々しい離反、無意味な憎しみと対立を経験しているのだ。

日本人というのは恐ろしいほど保守主義に固まっている。日本人は天皇家に対して、一般人と同じ生活を営んだり、同じような思想を持つことを許さない。特別な存在……と見、極めて異質で希少性がないと喜ばない。そのくせ知りたがるヘキがある。知って、なんだ変わりないのか、と思うとありがたみが薄れる。

スウェーデンやオランダの王さまや王女が街を散歩したり買い物をする習慣は、国民が王家の人々に人間であることを認知している点が背景となっている。

ということは、彼らの自由を許容しているところがあるから、珍しがったり騒いだりしない。

日本だと、なぜ皇族が国民生活に溶け込めないのだろうか。やはり天皇を権威の裏書き者としてきた明治大帝から昭和二十年八月十五日までの期間が悪いのだ。国民の心根に皇室を、もったいぶって考える素地があるからギクシャクするのであろう。あらゆる権威づけを実行し、天皇とか国威とかの笠をかぶった明治時代とは、近代日本を毒し切った悪魔の時代であったかも知れない。

明治史の最悪たる閔妃弑虐事件

国内の行啓にあたって、皇太子は受け身だと書いた。県段階の念入りな準備に対して余計な注文はしないとの意である。複雑に絡み合う官僚機構ではあっても、行幸啓実施となれば

「開かれた皇室」への模索は今も続く
（昭和60年撮影）

精巧な時計のような計画を立てる。相互連絡の歯車をぶちこわす結果にしかならない〝気まぐれな〟予定変更には不快感を隠さないという意味にもなる。口出しはしないほうが賢明なのだ。

天皇が京都御所の奥に在位していたころ、日本の庶民は将軍家と天皇をどのように実感としてとらえていたのだろうか。公家諸法度などで天皇の権力を封印した徳川は一定限度の扶《ふ》持米《ちまい》を与え、官位の授与権を認める程度に抑え込んで飼いならしてきた。政治、経済的実権の裏書行為を天皇に帰属せしめる方策が慣習化していた時代に天子の存在は希薄であったろう。

天皇の精神的権威に目を付け、軍事力の保有と並べて国家の主柱としたのは、政治を全うすべき徳川幕府が力を失ったからである。徳川幕府を超えるスーパーパワーに天皇を据えた尊王攘夷派が国際情勢の急転回の中で次代の日本の方向を位置づけようとした開港佐幕論を打破したとき、天皇制は、租税取り立てと武力奪取をその歴史的必然性とした先進欧米諸国の王制に模倣し、その本質とは似ても似つかない仮衣裳をまとって民の上に君臨する道を選択してしまった。

欧米では既に衰微した帝国主義を近代日本の基礎に持ち込んだ日本はあらゆる悪を天皇制に盛り込んでしまう。

束帯は金ピカの大礼服や軍服に変わり勲章が横行し、家長制国家に移行するのに長い時間はかからなかった。国家建設事業という燃える時代だったから、悪も悪とは感取されなかったろう。

明治は遠くなりにけり、と人はこの時代をなつかしむ。しかし、為政者は新国家体系の辻褄を合わせるため、歴史に手を加えるというバカなことをやった。参謀本部は高句麗《こうくり》の王で鴨緑江《おうりょくこう》西岸輯安《しゅうあん》に立つ広開土王の事跡を記した好太王碑文の改竄をした疑いがある。

京都御所の垣根内で三百年間世間からほとんど忘れられていた天皇では弱々しくて話にもならない。神武天皇を掘り起こし、院政の時代に光を当て、建武の中興をバイブルとした天皇中心の日本史に書き換えて国民教育の教典とした。これが皇国史というわけだ。

筆者の見るところ、明治は悪の時代である。そして皇国史は都合の悪い史実を締め出している。明治の悪の最たる事件であった閔妃弑虐事件について学校の教師は何も教えなかった。

韓国中央情報部（KCIA）が金大中氏を拉致した当時、わが国は朝野をあげて主権侵害と騒ぎ立てたものだ。閔妃事件とは明治二十八年十月八日、日本政府が韓国に対して行った主権侵害大事件である。

日清戦争に勝利した直後、わざわざ全権公使として京城に駐在した長州閥の井上馨は、明治維新後の日本が手中にすべき朝鮮の権益をまっとうするため、李王朝の実力者閔妃（国妃明成皇后）を籠絡しようと腐心した。朝鮮半島に覇権を唱えるロシアと日本の相克の中で、閔妃は国の独立保全を策するが、井上にとっては邪魔でしかない。井上は伊藤博文と密談をこらし、実行為者として長州人脈の三浦梧楼を全権公使として送り込む。

皇太子を苦しめる明治の琉球処分

通称観樹将軍[◆註1]は南山麓下の公邸に構えて経などを読む日々を送り、その間、駐在警察官、守備軍、韓国側の訓練隊、日本人浪士らと連絡を密にして閔妃暗殺の機をねらう。

最近、出現した日本人警察官手書きの報告書など文献によって閔妃暗殺の筋書きはほぼ証明されたが、閔妃は王宮に押し入った三浦派の人手にかかって弑虐された。日本政府は当時、列強の目をごまかすため関係者を裁判にかけた。結果は全員が無罪放免。明治天皇は、観樹将軍日記によると、帰任した三浦を接見し、労苦をいたわっている。

韓国人にとって、閔妃事件は屈辱の歴史である。日本による主権侵害であるばかりか、政治的決着が韓国併合で雲散霧消となった痛恨の悪夢である。金大中事件の際、韓国では「閔妃事件を忘れるな」との声が極めて強かった。もちろん、ＫＣＩＡの行為が、過去に日本が犯した事件によって帳消しになるとは言わない。筆者が言いたいのは、歴史的事実を知らない状態が、皇国史観を貫いた明治、大正、昭和の敗戦まで国策によって継続した事実に警鐘を鳴らすことなのだ。昭和二十年以降、皇国史によって歪曲《わいきょく》された歴史の再構築過程でも、なぜか閔妃事件についてはほとんど記述されることがなく、金大中事件処理、または報道姿勢にあたって、反省材料にもなり得なかった事実は日本人の底の見えない薄気味悪さを象徴している。

明治時代をどのように把握すべきかという問題について皇太子の見解を知りたいと思う人々も多いだろう。

それについては本書の冒頭において触れてある。皇太子の歴史好きは長男浩宮に継承されているようだが、この父は子息の歴史特別講義にしばしば同席するほどであり、冷徹な批判眼を持つ人物と考えてよい。

皇太子が沖縄について思索をこらした時分、一つの文献に心を動かされている。この文献は明治時代に書かれており恐らく明治という時代にあって清新な息吹きを現に皇太子に伝えた生きた史料だと考えられる。筆者もかつて通読したので若干説明できる立場にあるが、それは上杉県令の沖縄事情視察記[註2]だ。

余程、真面目な人物であったらしい。県令上杉は沖縄に赴任すると、ひたすら県下の山地を歩き、自ら記録をしたためて行政に資そうと努力した。それほど長文の記録ではないが、なかなか面白い。ほとんど世人の関心をひかないこのような小文を読んで啓発を受けた皇太

◆註1……………三浦梧楼陸軍中将の号が「観樹」だった

◆註2……………最後の米沢藩主、上杉茂憲は離島を含む沖縄各地を視察し、庶民の困窮ぶりなどについて詳細に綴った

子に、より以上の興味をそそられる、といったら叱られるだろうか。

明治の国家意思で行われた政策の一つ、琉球処分が、いまだに皇太子を苦しめているのではないだろうか――そう思わせる材料が上杉県令の報告ににじんでいるからである。上杉が琉球処分に反対であったらしいことは、彼の小文に読み取れるし、上杉は志なかばにして県令から降ろされてもいた。

皇太子が平和を愛し、文化国家日本の支柱たらんとする裏には、日本古来の天皇の在り方をねじまげた明治への激しい反発と内省があるとみてよい。

気性のうえでは曾祖父明治大帝から受け継いだ近代日本の本流を踏まえながら、内省に内省を重ねて改善への一歩一歩を日々刻印する皇太子。重い十字架を背負うがゆえに、真剣勝負に臨む毎日であろう。そのことを考えないと、皇太子について何も語れない感じがする。

大使が百人束でもかなわぬ皇室の威力

日本の国籍を有し、国内で帰属する組織から長、短期の海外派遣を命じられた人物は、外国でも日本人であり、組織の人間であり続ける。ただし、森の中の一木として無難に生きてきた国内での環境が、そのまま延長されるとは限らない。

全人格が曝け出されると同時に、異国社会との接点で、どのように強固な組織的体臭を持つ人物でも、いやでも日本人としての個人に目を開かないわけにはいかない。大げさにいえば、いつも国家を背負い、日本人の影を引きずり、国際社会でよりよい日本を認識してもらわなければ……という意識から逃れられない。その人物の一挙手一投足が、派遣先の社会で注目され、日本人への評価を形成する。駐在員ともなれば団体旅行の集団色に個性を埋没させて素通りする訳にもいかないのだ。個人を研磨する以外に、抽象概念としての日本の評判をベターな方向に引っ張って行く方法はない。

半面、海外に出るということは自己の可能性を自己の意思で掘り起こす貴重な体験ともなるだろう。国内では想像もつかなかった発展性に関する新たな発見をしばしば在留邦人に見つけるとき、美しく花を咲かせた個体の、開花への道程に果たされた努力のつややかさに目を見張る。自然科学や芸術で結晶させる文化人だけでなく、平凡なサラリーマンや勉学の徒に一種の輝ける宝物を見出す例が多い。

皇太子ご夫妻が皇室外交の主たる一翼を担われてから既に久しい。ご訪問の先々で好印象を植え付け、日本の評価を高めてきた役割はスケールの大きさからいって、到底名もない個々人が歯を食いしばって築きつつある努力の比ではない。むしろ皇太子ご夫妻の一過性の公式訪問は、営々として個々人が積みあげてきた国際社会における地歩を扶け、彩色し、良い方向に強める作用をもたらすものとして、いわば補強役の側面をにじませる。

ご夫妻が訪問の先々で日系人や日本人と積極的に会われ、苦労話に耳を傾け、激励するのはこの補強剤としての役割に深い認識を抱くからであろう。

天皇、皇后両陛下のご訪欧、ご訪米を頂点とした皇室外交において〝日本の顔〟が相手国元首や国民各層と接触されるときは、特命全権大使百人を束にしてもかなわないっこない威力を発揮してきた。首相、国務大臣、行政官が肩書と所管事項に従い専門的な国際交流を果たす場合に比較して最も明らかな皇室外交の特色は、陛下から皇族に至るまで、全人格から発する人間としての放射を武器にしている点にある。

三十七年十一月五日から十日にわたった皇太子ご夫妻のフィリピン公式訪問で最も懸念された反日感情が温かな歓迎色に塗りつぶされた事例こそ端的にその特色を裏打ちする。ご夫妻の海外を舞台とした活躍に目を向けてみよう。

〝蛮勇〟で果たした日系ブラジル人の家庭訪問

四十二年五月九日から三十一日まで、ご夫妻は天皇のご名代としてペルー、アルゼンチン、ブラジルを親善訪問された。出発前は三国事情の掌握を第一として研究怠りない。駐ブラジル大使も一時帰任して東宮に日程や日系社会、日本との関係などを進講している。

当時、皇太子は日系ブラジル人の家庭訪問を強く希望した。皇太子の意向を知った大使は頭を抱えた。多くの土地に分散し、熱狂的な歓迎準備を進めているブラジル日系社会で一家庭を絞るのは難題だ。「とても無理でございます」と低頭する以外にない。皇太子も諦めた顔をした。

たしかブラジリアだったと思う。初日の公式行事が終わり、翌朝は午前九時だかに美智子妃の行事が予定されていた。彼は反乱を起こす。まだ夜のトバリが深々とおりる午前四時すぎ、朝弁当を用意させ、二台の車の準備を命じたのだ。同行記者にはもちろん内緒である。宿舎をひそかに抜け出した皇太子一行は、ちょうど東京から熱海ぐらいの距離にある日系人開拓村に向けてひた走った。

先に触れたように、国内では自治体の意向に添って文句もつけず淡々と日程をこなす皇太子だが、外国に出ると自由、豪胆にして才気ある進取性を見せる。〝暁の脱走〟はその好例である。

村長《むらおさ》の家に着いた。侍従らがどーん、どんと扉を叩いた。「日本の皇太子殿下がおいでです。差し支えなかったら起きていただけませんか」――そう怒鳴った。

広大な農地の上に星が落ちるような光景を想像しよう。一家の主《あるじ》は目をむいたに相違あるまい。またとない不意打ちなのだから。灯がともされただろう。薄墨を流したような空気を受けて黒ずむ家屋の前にたたずむ皇太子。やがて身づくろいをして出てきた主。二人の手はがっしり握られる。いつの間にか伝令が近郷近在に飛んだのだろう。畠《はたけ》の地平線上に人影が浮かびあがる。まろぶがごとく走ってくる。そのころ、ようやく東の空が薄光を帯び、感動の波は一気に高まった。

村人らの歓びは一入《ひとしお》だった。夢のような出来事だった。祖国の皇太子の予想外のご訪問だ。急に訪ねてきて申し訳ない、しかし皆さんに会いたかった、会うのが念願だった……。皇太子の口からもこのような言葉が出たということである。

大使に封じられた日系人家庭訪問を体で実現した皇太子は、やはり並々ならぬ人物といえる。一時間滞在したかどうかのきわどい訪問ではあったが、心の交流という財産を彼は開拓村の人たちと分かち合ったのだ。これは貴重である。

皇太子は大使の立場を傷つけまいとして、誰にも知らさず、暁の脱走をやってのけた。帰途は車を猛烈に飛ばした。朝の行事に何食わぬ顔をして間に合わさなければならない。

ところがだ。皇太子の乗用車がエンコした。動かなくなった。皇太子は乗り捨てて後続の車を止めた。哀れにも侍従はつまみ出される。急遽、乗り換えた皇太子はニヤニヤしながら威勢よく叫んだという。

「当方は急ぐからお先に。なあに、夜にでも着いてくれればいいんだよ」

殺生な……とぼやいたのは重田侍従である。砂煙りを巻いて粒のように小さくなる車体を見詰めながら、しかし、重田侍従の胸に爽やかな感動が押し寄せてきた。同侍従によると、皇太子が置き去りにした車の故障もどうにか直り、大過なく無事帰着できたという。

普段、皇族はバランス感覚を要求され、公然と一方の肩を持つ行為を慎む。非人間的な行為の最たるもの、ともいえるだろう。好悪の感情を抑制するだけでなく、政治的判断すらひた隠さなければならない。あの村を訪ねると事前に公表すれば、他の村から「なぜ、われらの所にきなさらんか」と文句が出る。収拾がつかなくなる。駐在大使がギブアップしたのは当然だ。

だが、人と人との出会いを大切にしようと考え、第二の母国に生きる日系人を直接、マス（大衆）としてではなく、個々としてとらえ、接触を図るには〝蛮勇〟しかなかったのである。それを敢えてした皇太子に、筆者は英断を見る。

「殿下は一番腹のすわった人物ね」

時計の針を逆戻しする。

三十一歳になったばかりの犬養道子[◆註3]は、生涯で最も貧乏な生活をオランダで送っていた。昭和二十八年の春が過ぎようとしていた。米国留学時代だって、こんな食いつなぎの暮らしはしなかった、と犬養は思う。招待状が舞い込んだとき、彼女は率直に喜んだ。「おいしいものを腹いっぱい詰め込めるかも……」――そう考えたのだ。母親が持たせてくれた一枚の和服がある。当日が来ると、犬養は念入りに身づくろいをした。アムステルダムの近郊にある宮殿ではなかったか……と、随想家は記憶の糸をたぐり寄せるのだが、英国女王戴冠式参

◆註3……『お嬢さん放浪記』などで知られる評論家。元首相・犬養毅は祖父。父・健も法務大臣を務めた

列後の欧州旅行中の一日に、ともかく犬養が駐在日本大使から招かれて皇太子を主賓とした晩餐会に出向こうとしている図である。

「当時は留学生の数も少なかったし、一応間違いのない人物と鑑定されたのでしょう。女王や宮廷の高官と日本人と全部で二十五人くらいの席で、綺麗なところだった」そうである。

食前酒にシャンペンと、なにやら色のついた酒が出た。目もさめるようなコップに口をつけた犬養はじきに陶然とした気分に陥る。食堂に並ぶ銀器の見事さが気に入った。隣に座ったハーグ市長や前の席を占めた女官の話も気が利いている。

食が進むにつれて、犬養の気分は壮大になる一方だ。お酒で触発された食欲と嗅覚が良いニオイをとらまえて離さない。眺めわたすと、主賓のあたり、会話がはずんでエビだか魚だかの大皿が停まっている。皇太子がとらないものだから回ってこない。

犬養道子は前日までテキサス州の観光団を案内していた。アルバイト稼ぎというわけだ。「がらの悪い英語に馴れて、つい習い性になっていた」と回想する。

「ヘーイ、プリンス。パス・ミー・ザ・ディッシュ・プリーズ」と高らかに呼ばわってしまった。

さんざめいていたテーブルは一瞬、氷が張りついたようにシーンとなったそうである。そして宮廷側の人々は、さすがに、楽しそうな眼を和服の女性に注いだ。表情をこわばらせた人たちは日本の大使や随員。なかでも、ひときわこわい顔でにらみ据えた人物がいた。「黒木侍従だった」という。

「皇太子殿下はなんだかだと悪口を言われているけれども、一番腹のすわった人物ね。これは失礼、というように皿を回してくださった。当時、まだお若かったが、あの事件の際は抜きんでていた」と犬養は語る。

学生寮に戻って、仲間の貧乏学生たちに素敵なディナーの様子を描写した犬養だったが、やがて部厚い手紙を受け取る。差出人は犬養健《たける》。つまりオヤジさん。金を送ってきてくれたに相違あるまいと彼女は考え、心楽しく、その厚さを測ったりして開封し、さかさにして振った。

お札は一枚もこぼれ落ちてこない。全てが手紙だった。冒頭にこうある。「シャンペンを空き腹に飲むべからず。口ざわりが良いだけ酔いが急速に回るものなればなり」――と。オヤジめ、なんでこう千里眼なのだろうと半ばあきれて読み進むうち、手紙が娘の犯した失態を教材にして範を垂れる一文とわかった。

犬養健――ある日陛下にお目にかかった。用件が終わり退出しようとしたら「犬養、まあ座れ」とおっしゃった。天皇が「座れ」と言われるときは重大なお話がある、という意味である。

なにごとかと胸さわぎして座った犬養健に、陛下は「面白い娘さんを持っておいでだね」と微笑まれた。かくしてオヤジさんは娘の行状を知ったという次第。

犬養道子はその後、結婚された皇太子に招かれた。東宮御所に着くと玄関には黒木侍従が出迎えていた。「今夜はあの折のようなことは願い下げにお頼みしますよ」と黒木はからかう。

皇太子ご夫妻はその夜、犬養道子を歓待され「実に愉快でした」と想い出に花を咲かせた。あのパーティーの折、犬養は皇太子に、街の魚マーケットでニシンを食べるとよいと話し、その食べ方まで講釈していたのだ。その後も折に触れて、ご夫妻との交流が重なった。そして犬養は皇太子の真価に大きく眼を開け「たいした人物」との評価を下す。

〃パンツ一枚船長昼寝〃に皇太子の破顔一笑

昭和五十一年七月九日午後四時から一時間半ほど、皇太子は東宮御所で同年六月八日―二十五日のヨルダン、ユーゴスラビア、英国ご訪問に同行した記者団と宮内記者会員を招いてレセプションを開いた。随行した中山賀博《よしひろ》首席随員、戸田康英東宮侍従長（当時）、八木侍従、寺嶋侍従のほか留守居役の鈴木東宮大夫（当時）らも加わり、同行記者団長の伊達記者（NHK）はじめ各社一線記者が出席し、懐旧談に花を咲かせた。幾つかの質問が出た。

――外国に身を置かれて、日本をどのように考えられましたか。

皇太子　現在の日本で最も大切なことは国民が幸福を得られるようになっているかどうかということだ。一人ひとりの人生、その生活のうえで幸福感を持てるような日本でなければならない。いくら環境を良くし、満足な住居を用意してもそこに身を置く人が幸福と感じないのでは何にもならない。

数年前と二十三年前の二回、私はスペインを訪れたが、二度目の訪問のときには、かつて見た貧困、汚なさは発見できなかった。そして当時の日本の経済成長がGNPでは三指に数えられるところまで達したにも拘わらずGNP指標では比較にならないスペインでありながら、文化的な豊かさという尺度でははるかにスペインのほうが充実しているのではないかと感じ、成長一本槍のわが国のひずみを考えたものだ。今度は、経済成長の時代が終わったあと、国民の幸福感に目を向けなければ……ということを強く考えた。

――ご出発前「二十三年ぶりに訪れる英国で、幾つかの心に残るものを持ち帰りたい」と言われたが、何を持ち帰られましたか。

皇太子　そんなこと言ったっけ……。ロンドンのテムズ川でベックトン汚水処理場を見たが、たいしたものだね。サケなどの魚やエビ類が市中の川で獲れるまでになった。その努力というものは大変なものだ。私はそういう実態を学んで、持ち帰ってきたわけだよ。あそこで展示してくれたサケ、マス、ハゼなどは全部もらって持ち帰ったよ。

伊達記者が「ヨルダンのアカバ湾で日本船を訪ねられたそうですね。パンツ一つで寝ていた船長はびっくり仰天したとか……」と質問して、事情をただした。それには――

「あのときはね、湾内に日本の船がいたものだからモーターボートで船まで行ったんです。

しかし、船長がパンツ一枚で寝ていたというのは、中山さんが船長はパンツ一枚で寝ていたのかな、と誰かに言われただけのことでね」と破顔一笑。

中山氏は「いやあ、船長には悪いことしてしまった。船長はいますか、皇太子さまがいらしたんだ、と三回大声で叫んだが、なかなか出てこなかったから……」と告白して大笑い。

外国訪問の日程に自己の主体性

外務省は皇室外交を重視する。陛下もしくは皇太子の外国訪問は①相手国元首政府に対する外交儀礼上の相互訪問による高次元の親善増進②相手国王室など要人との親密な関係樹立③在外邦人への激励④相手国国民の日本に対する関心の喚起——といった役割で右に出るものがないと考えている。

皇太子が訪問先でなされるスピーチはまず在相手国日本大使館が草案を作ってお手元に届けることから始まるそうである。ご自身はかなり徹底した研究を積まれたあと、想を練り、執筆にかかる。たいていの場合、元原稿は大幅に変わる。相手国の元首が公式晩餐会で何をテーマに話すか、外務省は総力をあげて取材し情報を提供する。全くわからないとき、皇太子は苦しみ抜く。あらかじめ相手のスピーチ案が届いた場合は気が楽だ。

皇太子は自分に頼って道を開く。外務省の言いなりでは主体性が守れない。外務省の道具では決してないのだ。日程は外交交渉に委ねられる。相手国も了承した第一案が届いた段階で、初めて東宮職はご夫妻の意向を反映させるべく努力に入り、調整上の時間にゆとりがなければ最小限の希望で折り合わなければならない。

無理を通しても是非に……と希望を加えられる例もまま出てくる。過去には外務省がブツブツ不満を述べたような報道があり、外務省と東宮職との間に気まずい争いが発生したかのような印象が流布された。突きつめると、両官庁担当官同士の感情が若干もつれたのが誇張報道の震源を為していた。

鈴木前大夫は「ご日程はご夫妻が決められるから、ご自身できつい日程とは少しも考えておられないだろう」と、ヨルダン、ユーゴ訪問後に発言し、主体性の主張を通しておく配慮を示した。

フセイン国王との駆け引き

ヨルダンのフセイン国王[註4]が「中東情勢は継続されるべきではなく、パレスチナ、アラブ人民はその土地と家を離れ続けることを許されるべきではない。イスラエルはこの土地を武力で占領し、同時に広大なアラブ地域を占領し、世界の平和、願望、決定に挑戦している。今日までイスラエルのとった手段の成果は、その影響において世界の繁栄及び人民の安全を脅

◆註4……ヨルダン国王を昭和二十八（一九五三）年から五十年近く続けた

かし、このためこの地域の発展に加えた攻撃と悪行のすべてを超えている。従ってわれわれは国際的努力を助長し、この悪行に対し、この努力を結びつけるよう呼びかけており、日本がこの努力のために、その地位と国民の経験に適した立場を占められることを希望する」とアンマンの宮殿でぶちあげたとき、関係者はわが皇室が政治的な回答を迫られたものとみて緊張した。

が、皇太子の発言は、徹底した文化論で足場を固めた巧みなものだった。

「人類の歴史に大きな影響を与えたアラビアの世界とわが国の歴史に、ほとんど直接的な交渉なく進んできた」と前提し、さらに「日本はヨーロッパ文化を遅れて迎え入れ、近代文明の形成に参加することになったが、このヨーロッパ文化の基礎にアラビア文化のあることを忘れ得ない。この意味でアラビア文化はわが国にとり決して無縁のものではなく、むしろその恩恵を享受してきたといえる」と結んだ。「従って両国の真の友好関係の第一歩は相互訪問の実現でここに印されたと思う」と明確に指摘するにとどめて、ヨルダン側の意図を巧妙にそらしたのだった。

皇太子が昭和五十一年六月、チトー・ユーゴスラビア社会主義連邦共和国大統領と会見されたことは、四年後のチトー逝去を思うにつけ、極めて実り多い出来事だったと解される。

当時から、ユーゴは既に副大統領輪番制を実施しており、当時はジャルコビッチ副大統領の時代だった。ユーゴ側の公式午餐会は副大統領主催とはいえ、チトー亡き後の大統領輪番制度予習期だったが故に、むしろプロトコール上はチトー大統領主催午餐会よりも上位を占めていた。

クロアチア、モンテネグロ、マケドニア三共和国を回って六月十四日ベオグラードに戻ったご夫妻はデディニェにある大統領官邸でチトーに迎えられた。ヨバンカ夫人も同席し、昼食をはさんで会見は三時間二十分にわたった。

会見の様子を目のあたりに見た中山首席随員の回顧談に譲って雰囲気に迫ってみよう。

「チトー大統領のような（海千山千の）大物を相手に、三時間もですよ、適当に質問されたり冗談を交じえて、ともかく世界でも第一級の政治家とわたり合ったお姿は、国民の一人として大変うれしかった。私なんかだったらひるんでしまうところを、殿下は平然と、しかも自然に対されるんだなあ。大体チトーは恐ろしげな人で、側近もようものを言わんのだ。八十四歳でも元気そのものでねえ。それなのに、世界では常に新しいことが起こる。だから一生懸命勉強して、時代を理解するよう努力するんだ――。こんなふうに大統領は心境を明かしていたね」

チトー大統領は取っつきの悪い人物である。これはこの人の性格であって、最初はまるで怒っているのかと疑った（中山氏）ほど。いったん固さがとれると、チトーは雄弁だった。

「積極的平和共存と非同盟政策は二大ブロック間による世界支配の体制を非とし、第三世界が世界平和に決定的な役割を果たすよう主張した政策である」こと。戦後三十年も平和が続いたのはユーゴ史上例がなく、最近お祝いをしたばかり。平和を希求するために非同盟政策を推進している――などを熱っぽく語った。

皇太子も、いささかも臆しない態度で「われわれの国も戦火にさらされた。私たちは私たちなりの方法で平和を求めています」と述べ、緒戦の平和談議でまず両者は一致する。

チトーは老人のせいか過去の話題が多く、特に対独人民解放戦争の体験談に時間をさいた。しかし「戦争中には随分苦しい思いをしたが、戦後の苦しみと比較すれば、まず同格だろう」と述べたくだりは、一九四八年以降のクレムリンとの理論闘争を意識した発言だったと受け取れる。

徹底した地方分権化と労働者自主管理組織がパルチザン闘争から芽生えたこと、「東側に傾いて西側の疑惑を招くのも困る」「東も西も大事だ」といった姿勢から、貿易、経済、ダム、電力、洪水の話まで、二人の話題は切れ目がなかった。

「すでに訪問した四つの共和国で、私が触れ得たものは、それぞれの国で、人々がその社会の発展に心を砕きつつ、同時に、ユーゴ社会主義連邦共和国の統一と友愛に力を尽くしている姿でした」

チトーは若き皇太子を好いた。そして熱心に応えた。そこには、国境をこえて世代間の財産授受ともいうべき遺産相続が行われた、と筆者は考えている。

ジュネーブより皇太子を憶う……

昭和五十五年十月末週、急に思い立ってアニビエールの谷に向かった。ジュネーブは雨だった。年末には帰任するS家の皆さんと車を連ね、レマン湖畔をローザンヌ、ヴヴェ、モントルーと抜け、サン・モウリスで小休止した午後三時ごろ、さしものバレーも暗いとばりを降ろし豪雨に変わった。谷の紅葉を楽しみ、最奥のチナール村で遊ぶ計画である。山はかすみ、雨脚は薄く、黄色や朱色の葉が濡れて寄り合っている。千メートルを超えるヴィソワを過ぎたころ、みぞれとなった。アイエで雪をかぶった車とすれ違った。アニビエール谷の住民はフランス語を話す。同じバレー州でもこれより奥の谷からはドイツ語が常用語になる。約千八百メートルの村チナールについて、普通日本人は、ドイツ語圏の一高峰チナールロットホルンの呼称をとってドイツ語風に発音するが、地元の人々はジナルと呼んでいる。

ＺＩＮＡＬは雪であった。秋から冬の境に差しかかったという事実は一面の銀世界が物語るだけではなかった。旅館が一軒しか営業しておらず、重い戸を固く閉めた大小のホテルの姿が雄弁に伝えていた。ホテル・トリフテで私ども二家族は二階を占領しサロンを独占して雪の二日間を心ゆくまでくつろいだ。最後の日曜だけ快晴となり、ダン・ブランシュもマッターホルンの頂きもヴァイスホルンも白嶺を惜しげなく曝し、スイスの谷だけが持つ深い味わいをもたらした。

山気に包まれたい、と願ったには理由がある。『ざっくばらん』の奈須田敬さん◆註5から連載「知られざる皇太子」について最終回の執筆を依頼されたからであった。

五十二年一月一日から丸四年間、細々と書きつづってきたこの連載にどれほどの意味があったであろうか。考えなければ……という強い自省が、私をジナルに運んだ。世を去られた方々についても想いを深めたかった。それ以上に、皇太子を彩る多くの人々（生存する方々）に筆を染めプライバシーを土足で踏みにじってきた不埒を敢えて継続してきた苦渋に整理をつけなければならない。

奇態に聞こえても……皇太子が好きだ

限られた体験と未熟な表現力が相乗する孤独な作業を通じて、私はいま、無力感を味わうのみである。対象は偉大であり、当方の能力に応じてしか、音色を奏でてくれない。接する人が見る面、その人が見た面から発する皇太子像は、私が見極めた面や同様に皇太子が放射した映像と同一とはいえない。

ただ一点、皇太子はこの世に存在するたった一人の人格体だという事実に取りすがってきた。イデオロギー、歴史観、価値観が無限に多様である以上、事実もそれに応じて多様な姿に変わる。それならば、私がとらえた事実はこうだ……と、述べる意味は認め得る。

その場合、さまざまな反発が生じることについては開き直るだけである。私が見詰めてきた皇太子は私が造った皇太子像にほかならないからだ。皇太子に発表の自由があるならば「おれは、もうちょっと違うぞ」と言うはずである。

しかし現実に皇太子からは〝反論の権利〟が公的に奪われている。われわれがいくらぐじゃぐじゃ言い立てても、超然と微笑しているものが象徴であり、象徴位に就く人の自然体であろう。だから皇太子には誠に気の毒だったと申し上げておこう。いい迷惑だったかもしれない。多少は気に入るセリフがあったかもしれない。許せ……と、極めて乱暴に片づけ、降りしきる秋雪を見入った。

途中で触れたまま◆註6うっちゃっておいたが、高校生当時、担任から「マスコミへの窓口は君があたるように」と指示を受けた。これがケチのつき始めで、大使命を負った気になり、爾来、過ちを重ねた。公私混同、売名行為、謝礼欲しさ……ときつく皇太子からも恨まれたものだ。

人にはとても話せないような衝突を繰り返し、破壊に破壊を重ねて傷つけあった歴史を持ちながら、性こりもなく再び皇太子について書いた自分とは一体何なのだろう。この問いに

◆註5………本書連載時の月刊誌『ざっくばらん』編集長
◆註6………92〜93ページ参照

は正確な答えを出しておきたい。

結局、皇太子が好きだからである。奇態に聞こえても仕方ないのだが、どんな時でも一命を投げ出す準備ができている友人の一人、と言っておこう。

連載の半分はスイスで書いた。私がしばしば訪れるグリンデルワルトにベルビューというホテルがある。エミール・シュトイリ老が経営していた古ぼけた山宿、といえば「ああ、あれか」と思い出す方々が多いに違いない。エミールは死んだが、娘や息子、その子供達は健在。

一九二六年、秩父宮は槇有恒、松方三郎と当村に旅装を解く。サミュエル・ブラバント、エミールの二案内人にガイドされ、アルペンルーエに泊りヴェッターホルンの頂上に立たれた。フリッツ・アマッター、ハインリッヒ・クーラーという名だたるアルピニストも同行した。その写真が壁に飾ってある。

アルピニスト達が残した巨大な遺産

サミュエル・ブラバント（通称ザミ）は一九三七年夏、ジョージ六世戴冠式に参列後、妃殿下と共に立ち寄られた秩父宮のご案内をも勤めた。秩父宮の案内役は登山ガイドとしてのザミの一生でのクライマックスだった。

一九五七年、ザミはベルン州大臣の要職に就き、東京を訪問する。

ブラバント博士は秩父宮妃に拝謁する栄誉を担い、妃殿下のおはからいで宮中諸皇族への拝謁を許された。そのザミはなお健在で「スイスの登山ガイドが雇い主を友人と言うことを許されるでしょうか。日本の雇い主は時がたつうちに友人となっていったのです」と語る。日本の雇い主とは槇、松方、浦松佐美太郎ら（三人とも故人）を指す。絶大な信頼を克ち得た人々……とザミにいわしめたわがアルピニストたちがグリンデルワルトに残した遺産は、あまりにも巨大である。

一九二一年九月十日午後六時四十五分、槇有恒はアイガー東山稜（三千九百七十五メートル）初登頂を果たした。同行したガイドがアマッター、シュトイリ、ブラバントの三人。そのころの登山技術には長い棒とザイルが欠かせなかった。ミッテルレギの急坂で死闘を演じ、無事西山稜を経てクライネシャイデックに下った一行を村民が総出で出迎えた。

槇はミッテルレギの急稜上に記念碑を建て、多額な寄附をしてその場所への避難小屋の建造を可能にしたのである。

エミール・シュトイリは一九七一年十月四日八十三歳で死ぬまで、幾多の日本人岳人を受け入れ、日本人旅行者に声をかけてホテル・ベルビューに泊らせた。

故新田次郎など当宿を訪ねた日本人が書き続けた宿帳は六冊に達し、エミールの長女ハイジ・ディムツァ、三男エルンスト（当主）、その妻アンナマリー、その長男ピーターが大切に保管している。

皇太子がかつて訪欧時代に当地に足跡を記された記念写真も彼らの誇りである。秩父宮が滞在された当時の素朴さは失われているかもしれないが、私は皇太子がご家族とともに一度はこの土地を再訪されるよう願ってやまない。どんなにかこの村が喜ぶだろう。

あとがき

『ざっくばらん』への寄稿を了えてから三十六年を数える。

三人の御子はそれぞれ結婚の儀をあげられ、父陛下を支えて懸命に生を刻んで来られた。

この間、天皇明仁の日々は時に格闘技ともいえる壮絶な現実を不可避としつつ、温かい家庭にあって人間らしさを貫く姿勢に徹してきたように映る。

皇室は祈りでありたい――。

象徴天皇のあるべき道に日夜励む夫に付き添ってきた皇后美智子のお言葉にこそ、御自らの手で発見した真摯な覚悟がにじむ。

お二人の幸福を心よりお祈りする。

解説

渡邉みどり

昭和五十六年の秋、まだ私が日本テレビに勤務していた時代、上司であった藤川魏《たか》也《や》報道局長から「XデーのCP（チーフプロデューサー）をやれ」と言われた。「Xデー」とは天皇陛下（昭和天皇）の崩御報道のことである。

私は、男尊女卑であった当時の現場で起こる様々な面倒を考えて、鬱陶しい顔をしていたようだ。そんな私の顔色を読みながら局長はこう言われた。「これからは男だ、女だなんて言っていられない。数字をとれる人間が上に立つのだ」と。

高齢の陛下はいつ崩御されるかわからない。直属の上司からの有無を言わせぬ業務命令だった。その時、「これは貴重な史料だから……」と言って、A四判より大きい分厚い茶封筒を渡された。

「何が入っているんですか？」

「皇太子殿下（当時）の極秘史料だ。皇太子は昭和二十年に奥日光で終戦、学童疎開を終えて帰京、学習院初等科六年生で赤坂離宮から通学された。中・高等科時代には小金井、目白、常盤松で暮らされた。その間、学友の橋本明さんが皇太子の日常を記録した史料が入っている」

「どなたから、その史料を預かったんですか？」

「報道の先輩、ツーさん（都築知美氏）から預かったものだ。君が見るぶんにはいいが、重要書類だから人に見せてはいけない。くれぐれもなくさないように」

そう念を押され、私が預かることになった。

その史料というのが、この書籍の元になった「知られざる皇太子」の連載記事をまとめたものだった。貴重な資料として、知る人ぞ知る存在だという。

史料によれば、橋本明さんは昭和二十五年の学習院高等科時代に、渡辺クラス担任から「皇太子殿下に対する取材の対応を一本化する必要がある。大変だろうが橋本君が殿下取材の窓口になるように」と言われたとある。以来、「報道係」として、橋本さんは新時代の皇太子に集まるマスコミの対応をせざるを得ない状況となった。

この史料を大事に保管されていた先出の都築知美氏は日本テレビ開局以来、報道生え抜きの先輩で、当時は名古屋の中京テレビの役員をしておられた。都築氏は昭和史のスポークスマン的存在であった入江相政侍従長とも親しい間柄であった。当時、ウナギが大好きだった入江さんに声を掛け、麴町の「秋本」でよく会食をされ、私も幾度か、ご相伴にあずかったことがある。

都築先輩は私が報道スペシャル番組をゴールデンで放送した「李方子妃」や「皇后喜寿」、「愛新覚羅浩・溥傑」などをご覧になっては、高視聴率で内容も良いと、陣中見舞いとして名古屋の銘菓「ういろう」とか「二人静」を職場に送ってくださった。添えられていたお手紙には「入江侍従長もご覧になり、褒めておられ自分も鼻高々であった。入江侍従長から『例の件（Xデーのこと）、よろしく頼みますワー』と言われた」などと書かれていた。

さて、私は昭和九年生まれ。三十二年早稲田大学卒業後、日本テレビ公募の第一期生として入社。最終の身体検査と面接は銀座のプランタンデパートの場所にあった読売新聞の診療所で行われた。昭和九年生まれと言えば皇后美智子さまと大学は違うが、生まれ年が同じで同学年である。

皇太子妃発表の四年近く前に、こんなことがあった。

昭和三十年一月十五日、成人の日を記念し読売新聞は懸賞論文「はたちのねがい」

を全国規模で募集、発表した。まだ女は高卒でたくさんと言われた時代。四年制大学に進学した生意気な女子大生はこぞって応募したものだった。

全国から集まった論文は四千百八十五通。二位入選は、なんと聖心女子大学の正田美智子さんであった。

題は「虫くいのリンゴではない」。内容は戦争と戦後の混乱という、恵まれない時代に育った自分たちの世代と、「自分は虫食いのリンゴの中に生まれついた」というT・ハーディの小説『テス』にある表現とを重ねながら、未来の生き方を語っている。早稲田の学生だった私ももちろん応募した。題は「神近市子先生の人権問題」。私の論文は三次選考で落ちてしまった。

ただ入選しただけでは「同年代にスゴイ方がいらっしゃる」で忘れてしまったであろう。

発表から一ヵ月も経たない二月五日付の新聞に、「二位入賞・聖心女子大の正田さんは賞金二千円のうち千円を東京都を通じて、恵まれない人への社会事業に寄付。残りの半分をマザー・ブリット学長に奨学資金として寄付」とあった。

この報道で、自分と同年代に「スゴイ優秀な方」がいらっしゃると、「正田美智子」というお名前が私の頭の中に強く刷り込まれてしまったのである。

私はもし当選したらスキーに行こうと考えていたので、誠にお恥ずかしい次第であった。

昭和三十三年十一月二十七日。史上初の民間出身の皇太子妃として正田美智子さんが発表された。歴史のヒロインは論文二位入賞、聖心女子大の「あのスゴイ方」であった。

日本中はミッチーブームで盛り上がった。翌年四月十日の成婚パレードをＮＨＫ、民放各局は、こぞって中継・放送した。私は日本テレビのスタッフの一員として牛山純一社会部長の指揮の下、青山学院通りのハレルヤコーラスを担当。美智子妃のアップはあふれんばかりの健康美であった。

昭和二十八年にまだ若いメディアとして開局したテレビジョンは五年後の昭和三十三年に百万台、ミッチーブームの影響で翌三十四年には一躍二百万台に倍増し、何かあったらテレビをつけるという新しいライフスタイルが生まれた。これが高度経済成長の前触れともなった。

十年後の昭和四十四年、天皇家恒例のお正月の歌会始の御題は「星」であった。皇太子妃美智子さまの御歌をご紹介しよう。

幾光年　太古《たいこ》の光　いまさして　地球は春を　ととのふる大地

御題の「星」を地球と見立てた感覚の新しさに、これまでの歴史にない新しい皇后像の誕生が予感された。

美智子妃は昭和三十五年に浩宮、四十年に礼宮をご出産。この時は三人目の紀宮清子内親王（のちの黒田清子夫人）を宿していられ、まさに「地球は春をととのふる大地」だったのである。

この年の四月六日に、私は「20世紀アワー『美智子妃の10年』」を担当。夜十時半の深い時間帯にもかかわらず高視聴率をあげた。そして四月十八日には紀宮清子内親王がご誕生。昭和五十九年四月十日には銀婚式特番「皇太子両殿下に捧ぐ」を担当。高松宮両殿下、美智子妃の実弟・正田修氏など二十五人の証言をもとにゴールデンアワー（十九時〜二十二時）で放映し、二十一・四％の視聴率をあげたことが記録に残っている（『月刊民放』一九八五年三月号）。

昭和六十四年一月七日、天皇陛下崩御。昭和から平成に時は流れた。

テレビ放送史上初、全局がほぼ同一番組を放送した昭和天皇の崩御報道。当然のことながら各局視聴率競争となった。もちろん日本テレビでは陛下の学友橋本明さんにも出演していただき、高視聴率を収めた。ちなみにゴールデンアワーの視聴率は次の通りであった。

NTV（日本テレビ）……十三・六％　TBS……………八・七％
CX（フジテレビ）………八・七％　ANB（テレビ朝日）……十三・二％
NHK…………………十三・六％

かくして象徴天皇が即位、美智子さまは日本でただ一人の存在、皇后陛下になられた。それ以来、「近代的な教育を受けた令嬢が、日本一の旧家天皇家に嫁ぎ、いかに人生を開かれたのか」が私の女性学のテーマとなった。

美智子さまは陛下とともに昭和天皇の負の遺産を背負われ、社会的弱者に寄り添い日本中の尊敬を集めて今日に至っている。

一方、私は日本テレビ退職後、大学教授就任や執筆・ジャーナリズム活動で超多忙になり、かつて先輩から預かった「貴重な史料」の存在をころっと忘れていた。

二〇一一年（平成二十三）年東日本大震災の折、高齢の両陛下が被災地を一ヵ月に七往復されていた。そのお姿を見て、なぜか「貴重な史料」の存在を思い出した。三十年も前に上司から預かった史料は金庫に秘蔵されたままであった。私の人生の持ち時間もそう長くはない。尊敬する都築、藤川両先輩も鬼籍に入られて久しい。

私の推理では「貴重な史料」は都築先輩が入江相政侍従長から入手されたのではな

いかと思う。私は講談社から本を多く出版させていただき、勉強させていただいた縁もあり（担当は当時の生活文化局局長・古屋信吾氏）、同社の『週刊現代』や『フライデー』で長くお付き合いしてきた浅川継人氏に思い切ってその史料をお見せした。「ぜひ、橋本氏を紹介してください」ということで橋本明氏をご紹介し、今回、この「貴重な史料」が講談社での出版実現に至った。

それにしても、なんというタイミングであろう。

去る八月八日、天皇陛下の生前退位を望むお言葉はわかりやすかった。

「次第に進む身体の衰えを考慮するとき、これまでのように、全身全霊をもって象徴の務めを果たしていくことが難しくなるのではないかと案じている」

映像で拝見した陛下は元気のご様子。皇后陛下のお支えあっての故とお見受けした。若き日の陛下が過ごされた日々を皇后さまにも、ぜひともご一読いただきたいと思う。

平成二十八年九月

カバー写真……………平成十二年十一月撮影
写真……………宮内庁、日本雑誌協会、講談社写真資料室
ブックデザイン……………日下潤一＋赤波江春奈

本書は月刊誌『ざっくばらん』（並木書房発行）昭和五十二年一月一日号から昭和五十五年十二月一日号まで掲載された連載「知られざる皇太子」を改題のうえ、加筆・修正したものです。

橋本明　はしもと・あきら

昭和八（一九三三）年、横浜市生まれ。ジャーナリスト。昭和十五年に学習院初等科に入学、以後、三十一年に学習院大学政経学部を卒業するまで、今上天皇の「ご学友」として身近に接する。大学卒業後は共同通信社入社。社会部次長、外信部次長、ジュネーブ支局長、ロサンゼルス支局長、国際局次長、役員待遇、顧問などを歴任。『平成の天皇』（文藝春秋）、『美智子さまの恋文』（新潮文庫）、『平成皇室論』（朝日新聞出版）など、天皇に関する著書多数。

知《し》られざる天皇《てんのう》明仁《あきひと》

二〇一六年十月十一日　第一刷発行

著者　橋本明《はしもとあきら》

発行者　鈴木哲

発行所　株式会社講談社
東京都文京区音羽二―一二―二一
〒一一二―八〇〇一
電話　編集〇三―五三九五―三五二二
販売〇三―五三九五―四四一五
業務〇三―五三九五―三六一五

印刷所　慶昌堂印刷株式会社

製本所　黒柳製本株式会社

定価はカバーに表示してあります。　ISBN978-4-06-220301-2